구약 시리즈 ❸

개역개정

본문이 있는

채움 쓰기성경®

레위기

·Chaeum Self Writing Bible·

필 사 자			
시작한 날	년	월	일
마감한 날	년	월	일

Leviticus

AGAPE
[주]아가페출판사

본문이 있는

채움 쓰기성경®

레위기

2025년 11월 5일 1판 4쇄 발행

발 행 인 곽 성 종
발 행 처 (주)아 가 페 출 판 사
등록번호 제21-754호(1995. 4. 12)
주 소 서울시 관악구 남부순환로 2082-33 (남현동)
전 화 (02)584-4669

아가페 출판사

채움 쓰기성경® 활용법

레위기 2:11－3:4　　　　년　　월　　일 ······ 필사 날짜를 쓰실 수 있습니다.

11 ●너희가 여호와께 드리는 모든 소제
물에는 누룩을 넣지 말지니 너희가 누
룩이나 꿀을 여호와께 화제로 드려 사
르지 못할지니라
12 처음 익은 것으로는 그것을 여호와께
드릴지나 향기로운 냄새를 위하여는
제단에 올리지 말지며
13 네 모든 소제물에 소금을 치라 네 하나
님의 언약의 소금을 네 소제에 빠지 못
할지니 네 모든 예물에 소금을 드릴지
니라
14 ●너는 첫 이삭의 소제를 여호와께 드
리거든 첫 이삭을 볶아 찧은 것으로 네
소제를 삼되
15 그 위에 기름을 붓고 그 위에 유향을
더할지니 이는 소제니라
16 제사장은 찧은 곡식과 기름을 모든 유
향과 함께 기념물로 불사를지니 이는
여호와께 드리는 화제니라

화목제의 예물

3 사람이 만일 화목제의 제물을 예물
로 드리되 소로 드리려면 수컷이나
암컷이나 흠 없는 것으로 여호와 앞에
드릴지니
2 그 예물의 머리에 안수하고 회막 문에
서 잡을 것이요 아론의 자손 제사장들
은 그 피를 제단 사방에 뿌릴 것이며
3 그는 또 그 화목제의 제물 중에서 여호
와께 화제를 드릴지니 곧 내장에 덮인
기름과 내장에 붙은 모든 기름과
4 두 콩팥과 그 위의 기름 곧 허리 쪽에

11 ●

12

13

14 ●

15

16

화목제의 예물

3

2

3

4

절 숫자 — 절 숫자 수록

소제목

장 숫자 — 장 숫자 수록

왼쪽 면의 성경 본문을 보면서 절에 맞춰 쓰시면 됩니다.

채움 쓰기성경® 쓰기표

레 위 기	1	2	3	4	5	6	7	8	9	10	11	12	13	14	15	16	17	18	19	20	21	22	23	24	25	26	27	

일러두기

- 필사를 마친 부분을 색펜이나 형광펜으로 표시하세요.
- 평일에 3장, 주일에 5장이면 성경 전체를 일 년에 완필하실 수 있습니다.
- 하루의 십일조(2.4시간)를 드리면, 일 년에 완필하실 수 있습니다.
- 한 가정에서 가족들이 함께 나누어 필사할 수도 있습니다.

특 징

- 성경 본문의 가독성이 뛰어나 오래 보아도 눈이 피로하지 않습니다.
- 성경 본문이 인쇄되어 있어, 언제 어디서든 필사가 가능합니다.
- 장, 절, 소제목이 인쇄되어 있어, 1:1로 맞추어 필사할 수 있습니다.
- 필사 공간을 넉넉하게 편집하여, 큰 글씨로 써도 편안합니다.
- 180도 잘 펴지는 특수 제본으로 편리하게 쓸 수 있습니다.
- 본문 용지는 필기감이 좋고, 비침이 적으며, 잉크가 번지지 않는 최고급 종이입니다.
- 한국교회가 성경필사로 뿌리내린 것처럼, 말씀을 필사해 자녀에게 믿음의 유산으로 남길 수 있습니다.
- 아가페 쓰기성경® 전용펜을 함께 사용하시면 좋은 필기감으로 깨끗하게 쓸 수 있습니다.

1. 성경은 성령님의 감동으로 이루어진 하나님의 말씀입니다. (딤후 3:16)
2. 성경은 주야로 묵상하여야 할 우리 삶의 지침입니다. (시 1:2)
3. 성경은 우리를 하나님의 사람으로 온전케 하는 진리입니다. (딤후 3:17)
4. 성경은 일점 일획도 변함없이 이루어질 하나님의 약속입니다. (마 5:18)
5. 성경은 사람을 구원에 이르게 하는 지혜의 말씀입니다. (요 20:31; 딤후 3:15)
6. 성경말씀은 성령께서 쓰시는 검(劍)입니다. 영적전투의 공격용 무기입니다. (엡 6:17)
7. 성경말씀의 핵심은 하나님을 사랑하며, 이웃을 사랑하는 것입니다. (마 22:37-40)
8. 매일 시간을 정해 놓고 하며, 기도로 시작하여 기도로 끝냅니다.

레위기

Leviticus

번제

1 여호와께서 회막에서 모세를 부르시
고 그에게 말씀하여 이르시되
2 이스라엘 자손에게 말하여 이르라 너
희 중에 누구든지 여호와께 예물을 드
리려거든 가축 중에서 소나 양으로 예
물을 드릴지니라
3 ●그 예물이 소의 번제이면 흠 없는 수
컷으로 회막 문에서 여호와 앞에 기쁘
게 받으시도록 드릴지니라
4 그는 번제물의 머리에 안수할지니 그
를 위하여 기쁘게 받으심이 되어 그를
위하여 속죄가 될 것이라
5 그는 여호와 앞에서 그 수송아지를 잡
을 것이요 아론의 자손 제사장들은 그
피를 가져다가 회막 문 앞 제단 사방에
뿌릴 것이며
6 그는 또 그 번제물의 가죽을 벗기고 각
을 뜰 것이요
7 제사장 아론의 자손들은 제단 위에 불
을 붙이고 불 위에 나무를 벌여 놓고
8 아론의 자손 제사장들은 그 뜬 각과 머
리와 기름을 제단 위의 불 위에 있는
나무에 벌여 놓을 것이며
9 그 내장과 정강이를 물로 씻을 것이요
제사장은 그 전부를 제단 위에서 불살
라 번제를 드릴지니 이는 화제라 여호
와께 향기로운 냄새니라
10 ●만일 그 예물이 가축 떼의 양이나 염

번제

1

2

3 ●

4

5

6

7

8

9

10 ●

소의 번제이면 흠 없는 수컷으로 드릴
지니
11 그가 제단 북쪽 여호와 앞에서 그것을
잡을 것이요 아론의 자손 제사장들은
그것의 피를 제단 사방에 뿌릴 것이며
12 그는 그것의 각을 뜨고 그것의 머리와
그것의 기름을 베어낼 것이요 제사장
은 그것을 다 제단 위의 불 위에 있는
나무 위에 벌여 놓을 것이며
13 그 내장과 그 정강이를 물로 씻을 것이
요 제사장은 그 전부를 가져다가 제단
위에서 불살라 번제를 드릴지니 이는
화제라 여호와께 향기로운 냄새니라
14 ●만일 여호와께 드리는 예물이 새의
번제이면 산비둘기나 집비둘기 새끼로
예물을 드릴 것이요
15 제사장은 그것을 제단으로 가져다가
그것의 머리를 비틀어 끊고 제단 위에
서 불사르고 피는 제단 곁에 흘릴 것이
며
16 그것의 모이주머니와 그 더러운 것은
제거하여 제단 동쪽 재 버리는 곳에 던
지고
17 또 그 날개 자리에서 그 몸을 찢되 아
주 찢지 말고 제사장이 그것을 제단 위
의 불 위에 있는 나무 위에서 불살라
번제를 드릴지니 이는 화제라 여호와
께 향기로운 냄새니라

소제의 예물

2 누구든지 소제의 예물을 여호와께
드리려거든 고운 가루로 예물을 삼

11

12

13

14 ●

15

16

17

소제의 예물

2

아 그 위에 기름을 붓고 또 그 위에 유
향을 놓아
2 아론의 자손 제사장들에게로 가져갈
것이요 제사장은 그 고운 가루 한 움큼
과 기름과 그 모든 유향을 가져다가 기
념물로 제단 위에서 불사를지니 이는
화제라 여호와께 향기로운 냄새니라
3 그 소제물의 남은 것은 아론과 그의 자
손에게 돌릴지니 이는 여호와의 화제
물 중에 지극히 거룩한 것이니라
4 ●네가 화덕에 구운 것으로 소제의 예
물을 드리려거든 고운 가루에 기름을
섞어 만든 무교병이나 기름을 바른 무
교전병을 드릴 것이요
5 철판에 부친 것으로 소제의 예물을 드
리려거든 고운 가루에 누룩을 넣지 말
고 기름을 섞어
6 조각으로 나누고 그 위에 기름을 부을
지니 이는 소제니라
7 네가 냄비의 것으로 소제를 드리려거
든 고운 가루와 기름을 섞어 만들지니
라
8 너는 이것들로 만든 소제물을 여호와
께로 가져다가 제사장에게 줄 것이요
제사장은 그것을 제단으로 가져가서
9 그 소제물 중에서 기념할 것을 가져다
가 제단 위에서 불사를지니 이는 화제
라 여호와께 향기로운 냄새니라
10 소제물의 남은 것은 아론과 그의 아들
들에게 돌릴지니 이는 여호와의 화제
물 중에 지극히 거룩한 것이니라

2

3

4 ●

5

6

7

8

9

10

11 ●너희가 여호와께 드리는 모든 소제
물에는 누룩을 넣지 말지니 너희가 누
룩이나 꿀을 여호와께 화제로 드려 사
르지 못할지니라
12 처음 익은 것으로는 그것을 여호와께
드릴지나 향기로운 냄새를 위하여는
제단에 올리지 말지며
13 네 모든 소제물에 소금을 치라 네 하나
님의 언약의 소금을 네 소제에 빼지 못
할지니 네 모든 예물에 소금을 드릴지
니라
14 ●너는 첫 이삭의 소제를 여호와께 드
리거든 첫 이삭을 볶아 찧은 것으로 네
소제를 삼되
15 그 위에 기름을 붓고 그 위에 유향을
더할지니 이는 소제니라
16 제사장은 찧은 곡식과 기름을 모든 유
향과 함께 기념물로 불사를지니 이는
여호와께 드리는 화제니라

화목제의 예물

3 사람이 만일 화목제의 제물을 예물
로 드리되 소로 드리려면 수컷이나
암컷이나 흠 없는 것으로 여호와 앞에
드릴지니
2 그 예물의 머리에 안수하고 회막 문에
서 잡을 것이요 아론의 자손 제사장들
은 그 피를 제단 사방에 뿌릴 것이며
3 그는 또 그 화목제의 제물 중에서 여호
와께 화제를 드릴지니 곧 내장에 덮인
기름과 내장에 붙은 모든 기름과
4 두 콩팥과 그 위의 기름 곧 허리 쪽에

11 ●

12

13

14 ●

15

16

화목제의 예물

3

2

3

4

있는 것과 간에 덮인 꺼풀을 콩팥과 함
께 떼어낼 것이요
5 아론의 자손은 그것을 제단 위의 불 위
에 있는 나무 위의 번제물 위에서 사를
지니 이는 화제라 여호와께 향기로운
냄새니라
6 ●만일 여호와께 예물로 드리는 화목
제의 제물이 양이면 수컷이나 암컷이
나 흠 없는 것으로 드릴지며
7 만일 그의 예물로 드리는 것이 어린 양
이면 그것을 여호와 앞으로 끌어다가
8 그 예물의 머리에 안수하고 회막 앞에
서 잡을 것이요 아론의 자손은 그 피를
제단 사방에 뿌릴 것이며
9 그는 그 화목제의 제물 중에서 여호와
께 화제를 드릴지니 그 기름 곧 미골에
서 벤 기름진 꼬리와 내장에 덮인 기름
과 내장에 붙은 모든 기름과
10 두 콩팥과 그 위의 기름 곧 허리 쪽에
있는 것과 간에 덮인 꺼풀을 콩팥과 함
께 떼어낼 것이요
11 제사장은 그것을 제단 위에서 불사를
지니 이는 화제로 여호와께 드리는 음
식이니라
12 ●만일 그의 예물이 염소면 그것을 여
호와 앞으로 끌어다가
13 그것의 머리에 안수하고 회막 앞에서
잡을 것이요 아론의 자손은 그 피를 제
단 사방에 뿌릴 것이며
14 그는 그 중에서 예물을 가져다가 여호
와께 화제를 드릴지니 곧 내장에 덮인

5
6 ●
7
8
9
10
11
12 ●
13
14

기름과 내장에 붙은 모든 기름과
15 두 콩팥과 그 위의 기름 곧 허리 쪽에
있는 것과 간에 덮인 꺼풀을 콩팥과 함
께 떼어낼 것이요
16 제사장은 그것을 제단 위에서 불사를
지니 이는 화제로 드리는 음식이요 향
기로운 냄새라 모든 기름은 여호와의
것이니라
17 너희는 기름과 피를 먹지 말라 이는 너
희의 모든 처소에서 너희 대대로 지킬
영원한 규례니라

속죄제를 드리는 규례

4 여호와께서 모세에게 말씀하여 이르
시되
2 이스라엘 자손에게 말하여 이르라 누
구든지 여호와의 계명 중 하나라도 그
릇 범하였으되
3 만일 기름 부음을 받은 제사장이 범죄
하여 백성의 허물이 되었으면 그가 범
한 죄로 말미암아 흠 없는 수송아지로
속죄제물을 삼아 여호와께 드릴지니
4 그 수송아지를 회막 문 여호와 앞으로
끌어다가 그 수송아지의 머리에 안수하
고 그것을 여호와 앞에서 잡을 것이요
5 기름 부음을 받은 제사장은 그 수송아
지의 피를 가지고 회막에 들어가서
6 그 제사장이 손가락에 그 피를 찍어 여
호와 앞 곧 성소의 휘장 앞에 일곱 번
뿌릴 것이며
7 제사장은 또 그 피를 여호와 앞 곧 회
막 안 향단 뿔들에 바르고 그 송아지의

15

16

17

속죄제를 드리는 규례

4

2

3

4

5

6

7

피 전부를 회막 문 앞 번제단 밑에 쏟
을 것이며
8 또 그 속죄제물이 된 수송아지의 모든
기름을 떼어낼지니 곧 내장에 덮인 기
름과 내장에 붙은 모든 기름과
9 두 콩팥과 그 위의 기름 곧 허리쪽에
있는 것과 간에 덮인 꺼풀을 콩팥과 함
께 떼어내되
10 화목제 제물의 소에게서 떼어냄 같이
할 것이요 제사장은 그것을 번제단 위
에서 불사를 것이며
11 그 수송아지의 가죽과 그 모든 고기와
그것의 머리와 정강이와 내장과
12 똥 곧 그 송아지의 전체를 진영 바깥
재 버리는 곳인 정결한 곳으로 가져다
가 불로 나무 위에서 사르되 곧 재 버
리는 곳에서 불사를지니라
13 ●만일 이스라엘 온 회중이 여호와의
계명 중 하나라도 부지중에 범하여 허
물이 있으나 스스로 깨닫지 못하다가
14 그 범한 죄를 깨달으면 회중은 수송아
지를 속죄제로 드릴지니 그것을 회막
앞으로 끌어다가
15 회중의 장로들이 여호와 앞에서 그 수
송아지 머리에 안수하고 그것을 여호
와 앞에서 잡을 것이요
16 기름 부음을 받은 제사장은 그 수송아
지의 피를 가지고 회막에 들어가서
17 그 제사장이 손가락으로 그 피를 찍어
여호와 앞, 휘장 앞에 일곱 번 뿌릴 것
이며

8

9

10

11

12

13 ●

14

15

16

17

18 또 그 피로 회막 안 여호와 앞에 있는
제단 뿔들에 바르고 그 피 전부는 회막
문 앞 번제단 밑에 쏟을 것이며
19 그것의 기름은 다 떼어 제단 위에서 불
사르되
20 그 송아지를 속죄제의 수송아지에게
한 것 같이 할지며 제사장이 그것으로
회중을 위하여 속죄한즉 그들이 사함
을 받으리라
21 그는 그 수송아지를 진영 밖으로 가져
다가 첫번 수송아지를 사름 같이 불사
를지니 이는 회중의 속죄제니라
22 ●만일 족장이 그의 하나님 여호와의
계명 중 하나라도 부지중에 범하여 허
물이 있었는데
23 그가 범한 죄를 누가 그에게 깨우쳐 주
면 그는 흠 없는 숫염소를 예물로 가져
다가
24 그 숫염소의 머리에 안수하고 여호와
앞 번제물을 잡는 곳에서 잡을지니 이
는 속죄제라
25 제사장은 그 속죄 제물의 피를 손가락
에 찍어 번제단 뿔들에 바르고 그 피는
번제단 밑에 쏟고
26 그 모든 기름은 화목제 제물의 기름 같
이 제단 위에서 불사를지니 이같이 제
사장이 그 범한 죄에 대하여 그를 위하
여 속죄한즉 그가 사함을 얻으리라
27 ●만일 평민의 한 사람이 여호와의 계
명 중 하나라도 부지중에 범하여 허물
이 있었는데

18

19

20

21

22 ●

23

24

25

26

27 ●

28 그가 범한 죄를 누가 그에게 깨우쳐 주
면 그는 흠 없는 암염소를 끌고 와서
그 범한 죄로 말미암아 그것을 예물로
삼아
29 그 속죄제물의 머리에 안수하고 그 제
물을 번제물을 잡는 곳에서 잡을 것이
요
30 제사장은 손가락으로 그 피를 찍어 번
제단 뿔들에 바르고 그 피 전부를 제단
밑에 쏟고
31 그 모든 기름을 화목제물의 기름을 떼
어낸 것 같이 떼어내 제단 위에서 불살
라 여호와께 향기롭게 할지니 제사장
이 그를 위하여 속죄한즉 그가 사함을
받으리라
32 ●그가 만일 어린 양을 속죄제물로 가
져오려거든 흠 없는 암컷을 끌어다가
33 그 속죄제 제물의 머리에 안수하고 번
제물을 잡는 곳에서 속죄제물로 잡을
것이요
34 제사장은 그 속죄제물의 피를 손가락
으로 찍어 번제단 뿔들에 바르고 그 피
는 전부 제단 밑에 쏟고
35 그 모든 기름을 화목제 어린 양의 기름
을 떼낸 것 같이 떼내어 제단 위 여호
와의 화제물 위에서 불사를지니 이같
이 제사장이 그가 범한 죄에 대하여 그
를 위하여 속죄한즉 그가 사함을 받으
리라

5 만일 누구든지 저주하는 소리를 듣
고서도 증인이 되어 그가 본 것이나

28

29

30

31

32 ●

33

34

35

5

알고 있는 것을 알리지 아니하면 그는
자기의 죄를 져야 할 것이요 그 허물이
그에게로 돌아갈 것이며
2 만일 누구든지 부정한 것들 곧 부정한
들짐승의 사체나 부정한 가축의 사체
나 부정한 곤충의 사체를 만졌으면 부
지중이라고 할지라도 그 몸이 더러워
져서 허물이 있을 것이요
3 만일 부지중에 어떤 사람의 부정에 닿
았는데 그 사람의 부정이 어떠한 부정
이든지 그것을 깨달았을 때에는 허물
이 있을 것이요
4 만일 누구든지 입술로 맹세하여 악한
일이든지 선한 일이든지 하리라고 함
부로 말하면 그 사람이 함부로 말하여
맹세한 것이 무엇이든지 그가 깨닫지
못하다가 그것을 깨닫게 되었을 때에
는 그 중 하나에 그에게 허물이 있을
것이니
5 이 중 하나에 허물이 있을 때에는 아무
일에 잘못하였노라 자복하고
6 그 잘못으로 말미암아 여호와께 속죄
제를 드리되 양 떼의 암컷 어린 양이나
염소를 끌어다가 속죄제를 드릴 것이
요 제사장은 그의 허물을 위하여 속죄
할지니라
7 ●만일 그의 힘이 어린 양을 바치는 데
에 미치지 못하면 그가 지은 죄를 속죄
하기 위하여 산비둘기 두 마리나 집비
둘기 새끼 두 마리를 여호와께로 가져
가되 하나는 속죄제물을 삼고 하나는

2

3

4

5

6

7 ●

번제물을 삼아
8 제사장에게로 가져갈 것이요 제사장은
그 속죄제물을 먼저 드리되 그 머리를
목에서 비틀어 끊고 몸은 아주 쪼개지
말며
9 그 속죄제물의 피를 제단 곁에 뿌리고
그 남은 피는 제단 밑에 흘릴지니 이는
속죄제요
10 그 다음 것은 규례대로 번제를 드릴지
니 제사장이 그의 잘못을 위하여 속죄
한즉 그가 사함을 받으리라
11 ●만일 그의 손이 산비둘기 두 마리나
집비둘기 두 마리에도 미치지 못하면
그의 범죄로 말미암아 고운 가루 십분
의 일 에바를 예물로 가져다가 속죄제
물로 드리되 이는 속죄제인즉 그 위에
기름을 붓지 말며 유향을 놓지 말고
12 그것을 제사장에게로 가져갈 것이요
제사장은 그것을 기념물로 한 움큼을
가져다가 제단 위 여호와의 화제물 위
에서 불사를지니 이는 속죄제라
13 제사장이 그가 이 중에서 하나를 범하
여 얻은 허물을 위하여 속죄한즉 그가
사함을 받으리라 그 나머지는 소제물
같이 제사장에게 돌릴지니라

속건제를 드리는 규례

14 ●여호와께서 모세에게 말씀하여 이르
시되
15 누구든지 여호와의 성물에 대하여 부
지중에 범죄하였으면 여호와께 속건제
를 드리되 네가 지정한 가치를 따라 성

8

9

10

11 ●

12

13

속건제를 드리는 규례

14 ●

15

소의 세겔로 몇 세겔 은에 상당한 흠
없는 숫양을 양 떼 중에서 끌어다가 속
건제로 드려서
16 성물에 대한 잘못을 보상하되 그것에
오분의 일을 더하여 제사장에게 줄 것
이요 제사장은 그 속건제의 숫양으로
그를 위하여 속죄한즉 그가 사함을 받
으리라
17 ●만일 누구든지 여호와의 계명 중 하
나를 부지중에 범하여도 허물이라 벌
을 당할 것이니
18 그는 네가 지정한 가치대로 양 떼 중
흠 없는 숫양을 속건제물로 제사장에
게로 가져갈 것이요 제사장은 그가 부
지중에 범죄한 허물을 위하여 속죄한
즉 그가 사함을 받으리라
19 이는 속건제니 그가 여호와 앞에 참으
로 잘못을 저질렀음이니라

6 여호와께서 모세에게 말씀하여 이르
시되
2 누구든지 여호와께 신실하지 못하여
범죄하되 곧 이웃이 맡긴 물건이나 전
당물을 속이거나 도둑질하거나 착취하
고도 사실을 부인하거나
3 남의 잃은 물건을 줍고도 사실을 부인
하여 거짓 맹세하는 등 사람이 이 모든
일 중의 하나라도 행하여 범죄하면
4 이는 죄를 범하였고 죄가 있는 자니 그
훔친 것이나 착취한 것이나 맡은 것이
나 잃은 물건을 주운 것이나
5 그 거짓 맹세한 모든 물건을 돌려보내

16
17 ●
18
19
6
2
3
4
5

되 곧 그 본래 물건에 오분의 일을 더
하여 돌려보낼 것이니 그 죄가 드러나
는 날에 그 임자에게 줄 것이요
6 그는 또 그 속건제물을 여호와께 가져
갈지니 곧 네가 지정한 가치대로 양 떼
중 흠 없는 숫양을 속건제물을 위하여
제사장에게로 끌고 갈 것이요
7 제사장은 여호와 앞에서 그를 위하여
속죄한즉 그는 무슨 허물이든지 사함
을 받으리라

번제를 드리는 규례

8 ●여호와께서 모세에게 말씀하여 이르
시되
9 아론과 그의 자손에게 명령하여 이르
라 번제의 규례는 이러하니라 번제물
은 아침까지 제단 위에 있는 석쇠 위에
두고 제단의 불이 그 위에서 꺼지지 않
게 할 것이요
10 제사장은 세마포 긴 옷을 입고 세마포
속바지로 하체를 가리고 제단 위에서
불태운 번제의 재를 가져다가 제단 곁
에 두고
11 그 옷을 벗고 다른 옷을 입고 그 재를
진영 바깥 정결한 곳으로 가져갈 것이
요
12 제단 위의 불은 항상 피워 꺼지지 않게
할지니 제사장은 아침마다 나무를 그
위에서 태우고 번제물을 그 위에 벌여
놓고 화목제의 기름을 그 위에서 불사
를지며
13 불은 끊임이 없이 제단 위에 피워 꺼지

번제를 드리는 규례

지 않게 할지니라

소제를 드리는 규례

14 ●소제의 규례는 이러하니라 아론의
자손은 그것을 제단 앞 여호와 앞에 드
리되
15 그 소제의 고운 가루 한 움큼과 기름과
소제물 위의 유향을 다 가져다가 기념
물로 제단 위에서 불살라 여호와 앞에
향기로운 냄새가 되게 하고
16 그 나머지는 아론과 그의 자손이 먹되
누룩을 넣지 말고 거룩한 곳 회막 뜰에
서 먹을지니라
17 그것에 누룩을 넣어 굽지 말라 이는 나
의 화제물 중에서 내가 그들에게 주어
그들의 소득이 되게 하는 것이라 속죄
제와 속건제 같이 지극히 거룩한즉
18 아론 자손의 남자는 모두 이를 먹을지
니 이는 여호와의 화제물 중에서 대대
로 그들의 영원한 소득이 됨이라 이를
만지는 자마다 거룩하리라
19 ●여호와께서 모세에게 말씀하여 이르
시되
20 아론과 그의 자손이 기름 부음을 받는
날에 여호와께 드릴 예물은 이러하니
라 고운 가루 십분의 일 에바를 항상
드리는 소제물로 삼아 그 절반은 아침
에, 절반은 저녁에 드리되
21 그것을 기름으로 반죽하여 철판에 굽
고 기름에 적셔 썰어서 소제로 여호와
께 드려 향기로운 냄새가 되게 하라
22 이 소제는 아론의 자손 중 기름 부음을

소제를 드리는 규례

14 ●

15

16

17

18

19 ●

20

21

22

받고 그를 이어 제사장 된 자가 드릴
것이요 영원한 규례로 여호와께 온전
히 불사를 것이니
23 제사장의 모든 소제물은 온전히 불사
르고 먹지 말지니라

속죄제를 드리는 규례

24 ●여호와께서 모세에게 말씀하여 이르
시되
25 아론과 그의 아들들에게 말하여 이르
라 속죄제의 규례는 이러하니라 속죄
제 제물은 지극히 거룩하니 여호와 앞
번제물을 잡는 곳에서 그 속죄제 제물
을 잡을 것이요
26 죄를 위하여 제사 드리는 제사장이 그
것을 먹되 곧 회막 뜰 거룩한 곳에서
먹을 것이며
27 그 고기에 접촉하는 모든 자는 거룩할
것이며 그 피가 어떤 옷에든지 묻었으
면 묻은 그것을 거룩한 곳에서 빨 것이
요
28 그 고기를 토기에 삶았으면 그 그릇을
깨뜨릴 것이요 유기에 삶았으면 그 그
릇을 닦고 물에 씻을 것이며
29 제사장인 남자는 모두 그것을 먹을지
니 그것은 지극히 거룩하니라
30 그러나 피를 가지고 회막에 들어가 성
소에서 속죄하게 한 속죄제 제물의 고
기는 먹지 못할지니 불사를지니라

속건제를 드리는 규례

7 속건제의 규례는 이러하니라 이는
지극히 거룩하니

23

속죄제를 드리는 규례

24 ●

25

26

27

28

29

30

속건제를 드리는 규례

7

2 번제물을 잡는 곳에서 속건제의 번제
물을 잡을 것이요 제사장은 그 피를 제
단 사방에 뿌릴 것이며
3 그 기름을 모두 드리되 곧 그 기름진
꼬리와 내장에 덮인 기름과
4 두 콩팥과 그 위의 기름 곧 허리 쪽에
있는 것과 간에 덮인 꺼풀을 콩팥과 함
께 떼어내고
5 제사장은 그것을 다 제단 위에서 불살
라 여호와께 화제로 드릴 것이니 이는
속건제니라
6 제사장인 남자는 모두 그것을 먹되 거
룩한 곳에서 먹을지니라 그것은 지극
히 거룩하니라
7 속죄제와 속건제는 규례가 같으니 그
제물은 속죄하는 제사장에게로 돌아갈
것이요
8 사람을 위하여 번제를 드리는 제사장
곧 그 제사장은 그 드린 번제물의 가죽
을 자기가 가질 것이며
9 화덕에 구운 소제물과 냄비에나 철판
에서 만든 소제물은 모두 그 드린 제사
장에게로 돌아갈 것이니
10 소제물은 기름 섞은 것이나 마른 것이
나 모두 아론의 모든 자손이 균등하게
분배할 것이니라

화목제물을 드리는 규례

11 ●여호와께 드릴 화목제물의 규례는
이러하니라
12 만일 그것을 감사함으로 드리려면 기
름 섞은 무교병과 기름 바른 무교전병

2

3

4

5

6

7

8

9

10

화목제물을 드리는 규례

11 ●

12

과 고운 가루에 기름 섞어 구운 과자를
그 감사제물과 함께 드리고
13 또 유교병을 화목제의 감사제물과 함
께 그 예물로 드리되
14 그 전체의 예물 중에서 하나씩 여호와
께 거제로 드리고 그것을 화목제의 피
를 뿌린 제사장들에게로 돌릴지니라
15 ●감사함으로 드리는 화목제물의 고기
는 드리는 그 날에 먹을 것이요 조금이
라도 이튿날 아침까지 두지 말 것이니
라
16 그러나 그의 예물의 제물이 서원이나
자원하는 것이면 그 제물을 드린 날에
먹을 것이요 그 남은 것은 이튿날에도
먹되
17 그 제물의 고기가 셋째 날까지 남았으
면 불사를지니
18 만일 그 화목제물의 고기를 셋째 날에
조금이라도 먹으면 그 제사는 기쁘게
받아들여지지 않을 것이라 드린 자에
게도 예물답게 되지 못하고 도리어 가
증한 것이 될 것이며 그것을 먹는 자는
그 죄를 짊어지리라
19 ●그 고기가 부정한 물건에 접촉되었
으면 먹지 말고 불사를 것이라 그 고기
는 깨끗한 자만 먹을 것이니
20 만일 몸이 부정한 자가 여호와께 속한
화목제물의 고기를 먹으면 그 사람은
자기 백성 중에서 끊어질 것이요
21 만일 누구든지 부정한 것 곧 사람의 부
정이나 부정한 짐승이나 부정하고 가

13

14

15 ●

16

17

18

19 ●

20

21

증한 무슨 물건을 만지고 여호와께 속
한 화목제물의 고기를 먹으면 그 사람
도 자기 백성 중에서 끊어지리라

피와 기름은 먹지 말라

22 ●여호와께서 모세에게 말씀하여 이르
시되
23 이스라엘 자손에게 말하여 이르라 너
희는 소나 양이나 염소의 기름을 먹지
말 것이요
24 스스로 죽은 것의 기름이나 짐승에게
찢긴 것의 기름은 다른 데는 쓰려니와
결단코 먹지는 말지니라
25 사람이 여호와께 화제로 드리는 제물
의 기름을 먹으면 그 먹는 자는 자기
백성 중에서 끊어지리라
26 너희가 사는 모든 곳에서 새나 짐승의
피나 무슨 피든지 먹지 말라
27 무슨 피든지 먹는 사람이 있으면 그 사
람은 다 자기 백성 중에서 끊어지리라

화목제물 중에서 제사장이 받을 소득

28 ●여호와께서 모세에게 말씀하여 이르
시되
29 이스라엘 자손에게 말하여 이르라 화
목제물을 여호와께 드리려는 자는 그
화목제물 중에서 그의 예물을 여호와
께 가져오되
30 여호와의 화제물은 그 사람이 자기 손
으로 가져올지니 곧 그 제물의 기름과
가슴을 가져올 것이요 제사장은 그 가
슴을 여호와 앞에 흔들어 요제를 삼고
31 그 기름은 제단 위에서 불사를 것이며

피와 기름은 먹지 말라

22 ●

23

24

25

26

27

화목제물 중에서 제사장이 받을 소득

28 ●

29

30

31

가슴은 아론과 그의 자손에게 돌릴 것
이며
32 또 너희는 그 화목제물의 오른쪽 뒷다
리를 제사장에게 주어 거제를 삼을지니
33 아론의 자손 중에서 화목제물의 피와
기름을 드리는 자는 그 오른쪽 뒷다리
를 자기의 소득으로 삼을 것이니라
34 내가 이스라엘 자손의 화목제물 중에
서 그 흔든 가슴과 든 뒷다리를 가져다
가 제사장 아론과 그의 자손에게 주었
나니 이는 이스라엘 자손에게서 받을
영원한 소득이니라

맺는 말(1)

35 ●이는 여호와의 화제물 중에서 아론
에게 돌릴 것과 그의 아들들에게 돌릴
것이니 그들을 세워 여호와의 제사장
의 직분을 행하게 한 날
36 곧 그들에게 기름 부은 날에 여호와께
서 명령하사 이스라엘 자손 중에서 그
들에게 돌리게 하신 것이라 대대로 영
원히 받을 소득이니라

맺는 말(2)

37 ●이는 번제와 소제와 속죄제와 속건
제와 위임식과 화목제의 규례라
38 여호와께서 시내 광야에서 이스라엘
자손에게 그 예물을 여호와께 드리라
명령하신 날에 시내 산에서 이같이 모
세에게 명령하셨더라

아론과 그의 아들들의 제사장 위임식

8 여호와께서 모세에게 말씀하여 이르
시되

32

33

34

맺는 말(1)

35 ●

36

맺는 말(2)

37 ●

38

아론과 그의 아들들의 제사장 위임식

8

2 너는 아론과 그의 아들들과 함께 그 의
복과 관유와 속죄제의 수송아지와 숫
양 두 마리와 무교병 한 광주리를 가지
고
3 온 회중을 회막 문에 모으라
4 모세가 여호와께서 자기에게 명령하신
대로 하매 회중이 회막 문에 모인지라
5 모세가 회중에게 이르되 여호와께서
행하라고 명령하신 것이 이러하니라
하고
6 모세가 아론과 그의 아들들을 데려다
가 물로 그들을 씻기고
7 아론에게 속옷을 입히며 띠를 띠우고
겉옷을 입히며 에봇을 걸쳐 입히고 에
봇의 장식 띠를 띠워서 에봇을 몸에 매
고
8 흉패를 붙이고 흉패에 우림과 둠밈을
넣고
9 그의 머리에 관을 씌우고 그 관 위 전
면에 금 패를 붙이니 곧 거룩한 관이라
여호와께서 모세에게 명령하신 것과
같았더라
10 ●모세가 관유를 가져다가 성막과 그
안에 있는 모든 것에 발라 거룩하게 하
고
11 또 제단에 일곱 번 뿌리고 또 그 제단
과 그 모든 기구와 물두멍과 그 받침에
발라 거룩하게 하고
12 또 관유를 아론의 머리에 붓고 그에게
발라 거룩하게 하고
13 모세가 또 아론의 아들들을 데려다가

2

3

4

5

6

7

8

9

10 ●

11

12

13

그들에게 속옷을 입히고 띠를 띠우며
관을 씌웠으니 여호와께서 모세에게
명령하신 것과 같았더라
14 ●모세가 또 속죄제의 수송아지를 끌
어오니 아론과 그의 아들들이 그 속죄
제의 수송아지 머리에 안수하매
15 모세가 잡고 그 피를 가져다가 손가락
으로 그 피를 제단의 네 귀퉁이 뿔에
발라 제단을 깨끗하게 하고 그 피는 제
단 밑에 쏟아 제단을 속하여 거룩하게
하고
16 또 내장에 덮인 모든 기름과 간 꺼풀과
두 콩팥과 그 기름을 가져다가 모세가
제단 위에 불사르고
17 그 수송아지 곧 그 가죽과 고기와 똥은
진영 밖에서 불살랐으니 여호와께서
모세에게 명령하심과 같았더라
18 ●또 번제의 숫양을 드릴새 아론과 그
의 아들들이 그 숫양의 머리에 안수하
매
19 모세가 잡아 그 피를 제단 사방에 뿌리
고
20 그 숫양의 각을 뜨고 모세가 그 머리와
각 뜬 것과 기름을 불사르고
21 물로 내장과 정강이들을 씻고 모세가
그 숫양의 전부를 제단 위에서 불사르
니 이는 향기로운 냄새를 위하여 드리
는 번제로 여호와께 드리는 화제라 여
호와께서 모세에게 명령하심과 같았더
라
22 ●또 다른 숫양 곧 위임식의 숫양을 드

14 ●

15

16

17

18 ●

19

20

21

22 ●

릴새 아론과 그의 아들들이 그 숫양의
머리에 안수하매
23 모세가 잡고 그 피를 가져다가 아론의
오른쪽 귓부리와 그의 오른쪽 엄지 손
가락과 그의 오른쪽 엄지 발가락에 바
르고
24 아론의 아들들을 데려다가 모세가 그
오른쪽 귓부리와 그들의 손의 오른쪽
엄지 손가락과 그들의 발의 오른쪽 엄
지 발가락에 그 피를 바르고 또 모세가
그 피를 제단 사방에 뿌리고
25 그가 또 그 기름과 기름진 꼬리와 내장
에 덮인 모든 기름과 간 꺼풀과 두 콩
팥과 그 기름과 오른쪽 뒷다리를 떼어
내고
26 여호와 앞 무교병 광주리에서 무교병
한 개와 기름 섞은 떡 한 개와 전병 한
개를 가져다가 그 기름 위에와 오른쪽
뒷다리 위에 놓아
27 그 전부를 아론의 손과 그의 아들들의
손에 두어 여호와 앞에 흔들어 요제를
삼게 하고
28 모세가 그것을 그들의 손에서 가져다
가 제단 위에 있는 번제물 위에 불사르
니 이는 향기로운 냄새를 위하여 드리
는 위임식 제사로 여호와께 드리는 화
제라
29 이에 모세가 그 가슴을 가져다가 여호
와 앞에 흔들어 요제를 삼았으니 이는
위임식에서 잡은 숫양 중 모세의 몫이
라 여호와께서 모세에게 명령하심과

23

24

25

26

27

28

29

같았더라
30 ●모세가 관유와 제단 위의 피를 가져
다가 아론과 그의 옷과 그의 아들들과
그의 아들들의 옷에 뿌려서 아론과 그
의 옷과 그의 아들들과 그의 아들들의
옷을 거룩하게 하고
31 모세가 아론과 그의 아들들에게 이르
되 내게 이미 명령하시기를 아론과 그
의 아들들은 먹으라 하셨은즉 너희는
회막 문에서 그 고기를 삶아 위임식 광
주리 안의 떡과 아울러 그 곳에서 먹고
32 고기와 떡의 나머지는 불사를지며
33 위임식은 이레 동안 행하나니 위임식
이 끝나는 날까지 이레 동안은 회막 문
에 나가지 말라
34 오늘 행한 것은 여호와께서 너희를 위
하여 속죄하게 하시려고 명령하신 것
이니
35 너희는 칠 주야를 회막 문에 머물면서
여호와께서 지키라고 하신 것을 지키
라 그리하면 사망을 면하리라 내가 이
같이 명령을 받았느니라
36 아론과 그의 아들들이 여호와께서 모
세를 통하여 명령하신 모든 일을 준행
하니라

아론이 첫 제사를 드리다

9 여덟째 날에 모세가 아론과 그의 아
들들과 이스라엘 장로들을 불러다가
2 아론에게 이르되 속죄제를 위하여 흠
없는 송아지를 가져오고 번제를 위하
여 흠 없는 숫양을 여호와 앞에 가져다

30 ●
31
32
33
34
35
36

아론이 첫 제사를 드리다

9
2

드리고
3 이스라엘 자손에게 말하여 이르기를
너희는 속죄제를 위하여 숫염소를 가
져오고 또 번제를 위하여 일 년 되고
흠 없는 송아지와 어린 양을 가져오고
4 또 화목제를 위하여 여호와 앞에 드릴
수소와 숫양을 가져오고 또 기름 섞은
소제물을 가져오라 하라 오늘 여호와
께서 너희에게 나타나실 것임이니라
하매
5 그들이 모세가 명령한 모든 것을 회막
앞으로 가져오고 온 회중이 나아와 여
호와 앞에 선지라
6 모세가 이르되 이는 여호와께서 너희
에게 하라고 명령하신 것이니 여호와
의 영광이 너희에게 나타나리라
7 모세가 또 아론에게 이르되 너는 제단
에 나아가 네 속죄제와 네 번제를 드려
서 너를 위하여, 백성을 위하여 속죄하
고 또 백성의 예물을 드려서 그들을 위
하여 속죄하되 여호와의 명령대로 하
라
8 ●이에 아론이 제단에 나아가 자기를
위한 속죄제 송아지를 잡으매
9 아론의 아들들이 그 피를 아론에게 가
져오니 아론이 손가락으로 그 피를 찍
어 제단 뿔들에 바르고 그 피는 제단
밑에 쏟고
10 그 속죄제물의 기름과 콩팥과 간 꺼풀
을 제단 위에서 불사르니 여호와께서
모세에게 명령하심과 같았고

3

4

5

6

7

8 ●

9

10

11 그 고기와 가죽은 진영 밖에서 불사르
니라
12 ●아론이 또 번제물을 잡으매 아론의
아들들이 그 피를 그에게로 가져오니
그가 그 피를 제단 사방에 뿌리고
13 그들이 또 번제의 제물 곧 그의 각과
머리를 그에게로 가져오매 그가 제단
위에서 불사르고
14 또 내장과 정강이는 씻어서 단 위에 있
는 번제물 위에서 불사르니라
15 ●그가 또 백성의 예물을 드리되 곧 백
성을 위한 속죄제의 염소를 가져다가
잡아 전과 같이 죄를 위하여 드리고
16 또 번제물을 드리되 규례대로 드리고
17 또 소제를 드리되 그 중에서 그의 손에
한 움큼을 채워서 아침 번제물에 더하
여 제단 위에서 불사르고
18 또 백성을 위하는 화목제물의 수소와
숫양을 잡으매 아론의 아들들이 그 피
를 그에게로 가져오니 그가 제단 사방
에 뿌리고
19 그들이 또 수소와 숫양의 기름과 기름
진 꼬리와 내장에 덮인 것과 콩팥과 간
꺼풀을 아론에게로 가져다가
20 그 기름을 가슴들 위에 놓으매 아론이
그 기름을 제단 위에서 불사르고
21 가슴들과 오른쪽 뒷다리를 그가 여호
와 앞에 요제로 흔드니 모세가 명령한
것과 같았더라
22 ●아론이 백성을 향하여 손을 들어 축
복함으로 속죄제와 번제와 화목제를

11

12 ●

13

14

15 ●

16

17

18

19

20

21

22 ●

마치고 내려오니라
23 모세와 아론이 회막에 들어갔다가 나
와서 백성에게 축복하매 여호와의 영
광이 온 백성에게 나타나며
24 불이 여호와 앞에서 나와 제단 위의 번
제물과 기름을 사른지라 온 백성이 이
를 보고 소리 지르며 엎드렸더라

나답과 아비후가 벌을 받아 죽다

10 아론의 아들 나답과 아비후가 각
기 향로를 가져다가 여호와께서
명령하시지 아니하신 다른 불을 담아
여호와 앞에 분향하였더니
2 불이 여호와 앞에서 나와 그들을 삼키
매 그들이 여호와 앞에서 죽은지라
3 모세가 아론에게 이르되 이는 여호와
의 말씀이라 이르시기를 나는 나를 가
까이 하는 자 중에서 내 거룩함을 나타
내겠고 온 백성 앞에서 내 영광을 나타
내리라 하셨느니라 아론이 잠잠하니
4 모세가 아론의 삼촌 웃시엘의 아들 미
사엘과 엘사반을 불러 그들에게 이르
되 나아와 너희 형제들을 성소 앞에서
진영 밖으로 메고 나가라 하매
5 그들이 나와 모세가 말한 대로 그들을
옷 입은 채 진영 밖으로 메어 내니
6 모세가 아론과 그의 아들 엘르아살과
이다말에게 이르되 너희는 머리를 풀
거나 옷을 찢지 말라 그리하여 너희가
죽음을 면하고 여호와의 진노가 온 회
중에게 미침을 면하게 하라 오직 너희
형제 이스라엘 온 족속은 여호와께서

23
24
나답과 아비후가 벌을 받아 죽다
10
2
3
4
5
6

치신 불로 말미암아 슬퍼할 것이니라
7 여호와의 관유가 너희에게 있은즉 너
희는 회막 문에 나가지 말라 그리하면
죽음을 면하리라 그들이 모세의 말대
로 하니라

제사장이 회막에 들어갈 때의 규례

8 ●여호와께서 아론에게 말씀하여 이르
시되
9 너와 네 자손들이 회막에 들어갈 때에
는 포도주나 독주를 마시지 말라 그리
하여 너희 죽음을 면하라 이는 너희 대
대로 지킬 영영한 규례라
10 그리하여야 너희가 거룩하고 속된 것
을 분별하며 부정하고 정한 것을 분별
하고
11 또 나 여호와가 모세를 통하여 모든 규
례를 이스라엘 자손에게 가르치리라

제사장이 거룩한 곳에서 먹을 제물

12 ●모세가 아론과 그 남은 아들 엘르아
살에게와 이다말에게 이르되 여호와께
드린 화제물 중 소제의 남은 것은 지극
히 거룩하니 너희는 그것을 취하여 누
룩을 넣지 말고 제단 곁에서 먹되
13 이는 여호와의 화제물 중 네 소득과 네
아들들의 소득인즉 너희는 그것을 거
룩한 곳에서 먹으라 내가 명령을 받았
느니라
14 흔든 가슴과 들어올린 뒷다리는 너와
네 자녀가 너와 함께 정결한 곳에서 먹
을지니 이는 이스라엘 자손의 화목제
물 중에서 네 소득과 네 아들들의 소득

7

제사장이 회막에 들어갈 때의 규례

8 ●

9

10

11

제사장이 거룩한 곳에서 먹을 제물

12 ●

13

14

으로 주신 것임이니라
15 그 들어올린 뒷다리와 흔든 가슴을 화
제물의 기름과 함께 가져다가 여호와
앞에 흔들어 요제를 삼을지니 이는 여
호와의 명령대로 너와 네 자손의 영원
한 소득이니라
16 ●모세가 속죄제 드린 염소를 찾은즉
이미 불살랐는지라 그가 아론의 남은
아들 엘르아살과 이다말에게 노하여
이르되
17 이 속죄제물은 지극히 거룩하거늘 너
희가 어찌하여 거룩한 곳에서 먹지 아
니하였느냐 이는 너희로 회중의 죄를
담당하여 그들을 위하여 여호와 앞에
속죄하게 하려고 너희에게 주신 것이
니라
18 그 피는 성소에 들여오지 아니하는 것
이었으니 그 제물은 너희가 내가 명령
한 대로 거룩한 곳에서 먹었어야 했을
것이니라
19 아론이 모세에게 이르되 오늘 그들이
그 속죄제와 번제를 여호와께 드렸어
도 이런 일이 내게 임하였거늘 오늘 내
가 속죄제물을 먹었더라면 여호와께서
어찌 좋게 여기셨으리요
20 모세가 그 말을 듣고 좋게 여겼더라

정한 짐승과 부정한 짐승

11 여호와께서 모세와 아론에게 말
씀하여 이르시되
2 이스라엘 자손에게 말하여 이르라 육
지의 모든 짐승 중 너희가 먹을 만한

15

16 ●

17

18

19

20

정한 짐승과 부정한 짐승

11

2

생물은 이러하니
3 모든 짐승 중 굽이 갈라져 쪽발이 되고
새김질하는 것은 너희가 먹되
4 새김질하는 것이나 굽이 갈라진 짐승
중에도 너희가 먹지 못할 것은 이러하
니 낙타는 새김질은 하되 굽이 갈라지
지 아니하였으므로 너희에게 부정하고
5 사반도 새김질은 하되 굽이 갈라지지
아니하였으므로 너희에게 부정하고
6 토끼도 새김질은 하되 굽이 갈라지지
아니하였으므로 너희에게 부정하고
7 돼지는 굽이 갈라져 쪽발이로되 새김
질을 못하므로 너희에게 부정하니
8 너희는 이러한 고기를 먹지 말고 그 주
검도 만지지 말라 이것들은 너희에게
부정하니라
9 ●물에 있는 모든 것 중에서 너희가 먹
을 만한 것은 이것이니 강과 바다와 다
른 물에 있는 모든 것 중에서 지느러미
와 비늘 있는 것은 너희가 먹되
10 물에서 움직이는 모든 것과 물에서 사
는 모든 것 곧 강과 바다에 있는 것으
로서 지느러미와 비늘 없는 모든 것은
너희에게 가증한 것이라
11 이들은 너희에게 가증한 것이니 너희
는 그 고기를 먹지 말고 그 주검을 가
증히 여기라
12 수중 생물에 지느러미와 비늘 없는 것
은 너희가 혐오할 것이니라
13 ●새 중에 너희가 가증히 여길 것은 이
것이라 이것들이 가증한즉 먹지 말지

3

4

5

6

7

8

9 ●

10

11

12

13 ●

니 곧 독수리와 솔개와 물수리와
14 말똥가리와 말똥가리 종류와
15 까마귀 종류와
16 타조와 타흐마스와 갈매기와 새매 종
류와
17 올빼미와 가마우지와 부엉이와
18 흰 올빼미와 사다새와 너새와
19 황새와 백로 종류와 오디새와 박쥐니
라
20 ●날개가 있고 네 발로 기어 다니는 곤
충은 너희가 혐오할 것이로되
21 다만 날개가 있고 네 발로 기어 다니는
모든 곤충 중에 그 발에 뛰는 다리가
있어서 땅에서 뛰는 것은 너희가 먹을
지니
22 곧 그 중에 메뚜기 종류와 베짱이 종류
와 귀뚜라미 종류와 팥중이 종류는 너
희가 먹으려니와
23 오직 날개가 있고 기어다니는 곤충은
다 너희가 혐오할 것이니라
24 ●이런 것은 너희를 부정하게 하나니
누구든지 이것들의 주검을 만지면 저
녁까지 부정할 것이며
25 그 주검을 옮기는 모든 자는 그 옷을
빨지니 저녁까지 부정하리라
26 굽이 갈라진 모든 짐승 중에 쪽발이 아
닌 것이나 새김질 아니하는 것의 주검
은 다 네게 부정하니 만지는 자는 부정
할 것이요
27 네 발로 다니는 모든 짐승 중 발바닥으
로 다니는 것은 다 네게 부정하니 그

14
15
16
17
18
19
20 ●
21
22
23
24 ●
25
26
27

주검을 만지는 자는 저녁까지 부정할
것이며
28 그 주검을 옮기는 자는 그 옷을 빨지니
저녁까지 부정하리라 그것들이 네게
부정하니라
29 ●땅에 기는 길짐승 중에 네게 부정한
것은 이러하니 곧 두더지와 쥐와 큰 도
마뱀 종류와
30 도마뱀붙이와 육지 악어와 도마뱀과
사막 도마뱀과 카멜레온이라
31 모든 기는 것 중 이것들은 네게 부정하
니 그 주검을 만지는 모든 자는 저녁까
지 부정할 것이며
32 이런 것 중 어떤 것의 주검이 나무 그
릇에든지 의복에든지 가죽에든지 자루
에든지 무엇에 쓰는 그릇에든지 떨어
지면 부정하여지리니 물에 담그라 저
녁까지 부정하다가 정할 것이며
33 그것 중 어떤 것이 어느 질그릇에 떨어
지면 그 속에 있는 것이 다 부정하여지
나니 너는 그 그릇을 깨뜨리라
34 먹을 만한 축축한 식물이 거기 담겼으
면 부정하여질 것이요 그같은 그릇에
담긴 마실 것도 부정할 것이며
35 이런 것의 주검이 물건 위에 떨어지면
그것이 모두 부정하여지리니 화덕이든
지 화로이든지 깨뜨려버리라 이것이
부정하여져서 너희에게 부정한 것이
되리라
36 샘물이나 물이 고인 웅덩이는 부정하
여지지 아니하되 그 주검에 닿는 것은

28

29 ●

30

31

32

33

34

35

36

모두 부정하여질 것이요
37 이것들의 주검이 심을 종자에 떨어지
면 그것이 정하거니와
38 만일 종자에 물이 묻었을 때에 그것이
그 위에 떨어지면 너희에게 부정하리
라
39 ●너희가 먹을 만한 짐승이 죽은 때에
그 주검을 만지는 자는 저녁까지 부정
할 것이며
40 그것을 먹는 자는 그 옷을 빨 것이요
저녁까지 부정할 것이며 그 주검을 옮
기는 자도 그의 옷을 빨 것이요 저녁까
지 부정하리라
41 ●땅에 기어 다니는 모든 길짐승은 가
증한즉 먹지 못할지니
42 곧 땅에 기어다니는 모든 기는 것 중에
배로 밀어 다니는 것이나 네 발로 걷는
것이나 여러 발을 가진 것이라 너희가
먹지 말지니 이것들은 가증함이니라
43 너희는 기는 바 기어다니는 것 때문에
자기를 가증하게 되게 하지 말며 또한
그것 때문에 스스로 더럽혀 부정하게
되게 하지 말라
44 나는 여호와 너희의 하나님이라 내가
거룩하니 너희도 몸을 구별하여 거룩
하게 하고 땅에 기는 길짐승으로 말미
암아 스스로 더럽히지 말라
45 나는 너희의 하나님이 되려고 너희를
애굽 땅에서 인도하여 낸 여호와라 내
가 거룩하니 너희도 거룩할지어다
46 ●이는 짐승과 새와 물에서 움직이는

37
38
39 ●
40
41 ●
42
43
44
45
46 ●

모든 생물과 땅에 기는 모든 길짐승에
대한 규례니
47 부정하고 정한 것과 먹을 생물과 먹지
못할 생물을 분별한 것이니라

아이를 낳은 여인에 대한 규례

12 여호와께서 모세에게 말씀하여
이르시되
2 이스라엘 자손에게 말하여 이르라 여
인이 임신하여 남자를 낳으면 그는 이
레 동안 부정하리니 곧 월경할 때와 같
이 부정할 것이며
3 여덟째 날에는 그 아이의 포피를 벨 것
이요
4 그 여인은 아직도 삼십삼 일을 지내야
산혈이 깨끗하리니 정결하게 되는 기
한이 차기 전에는 성물을 만지지도 말
며 성소에 들어가지도 말 것이며
5 여자를 낳으면 그는 두 이레 동안 부정
하리니 월경할 때와 같을 것이며 산혈
이 깨끗하게 됨은 육십육 일을 지내야
하리라
6 ●아들이나 딸이나 정결하게 되는 기
한이 차면 그 여인은 번제를 위하여 일
년 된 어린 양을 가져가고 속죄제를 위
하여 집비둘기 새끼나 산비둘기를 회
막 문 제사장에게로 가져갈 것이요
7 제사장은 그것을 여호와 앞에 드려서
그 여인을 위하여 속죄할지니 그리하
면 산혈이 깨끗하리라 이는 아들이나
딸을 생산한 여인에게 대한 규례니라
8 그 여인이 어린 양을 바치기에 힘이 미

47

아이를 낳은 여인에 대한 규례

12

2

3

4

5

6 ●

7

8

치지 못하면 산비둘기 두 마리나 집비
둘기 새끼 두 마리를 가져다가 하나는
번제물로, 하나는 속죄제물로 삼을 것
이요 제사장은 그를 위하여 속죄할지
니 그가 정결하리라

피부에 나병 같은 것이 생기거든

13 여호와께서 모세와 아론에게 말
씀하여 이르시되
2 만일 사람이 그의 피부에 무엇이 돋거
나 뾰루지가 나거나 색점이 생겨서 그
의 피부에 나병 같은 것이 생기거든 그
를 곧 제사장 아론에게나 그의 아들 중
한 제사장에게로 데리고 갈 것이요
3 제사장은 그 피부의 병을 진찰할지니
환부의 털이 희어졌고 환부가 피부보
다 우묵하여졌으면 이는 나병의 환부
라 제사장이 그를 진찰하여 그를 부정
하다 할 것이요
4 피부에 색점이 희나 우묵하지 아니하
고 그 털이 희지 아니하면 제사장은 그
환자를 이레 동안 가두어둘 것이며
5 이레 만에 제사장이 그를 진찰할지니
그가 보기에 그 환부가 변하지 아니하
고 병색이 피부에 퍼지지 아니하였으
면 제사장이 그를 또 이레 동안을 가두
어둘 것이며
6 이레 만에 제사장이 또 진찰할지니 그
환부가 엷어졌고 병색이 피부에 퍼지
지 아니하였으면 피부병이라 제사장이
그를 정하다 할 것이요 그의 옷을 빨
것이라 그리하면 정하리라

피부에 나병 같은 것이 생기거든

13
2
3
4
5
6

7 그러나 그가 정결한지를 제사장에게
보인 후에 병이 피부에 퍼지면 제사장
에게 다시 보일 것이요
8 제사장은 진찰할지니 그 병이 피부에
퍼졌으면 그를 부정하다 할지니라 이
는 나병임이니라
9 ●사람에게 나병이 들었거든 그를 제
사장에게로 데려갈 것이요
10 제사장은 진찰할지니 피부에 흰 점이
돋고 털이 희어지고 거기 생살이 생겼
으면
11 이는 그의 피부의 오랜 나병이라 제사
장이 부정하다 할 것이요 그가 이미 부
정하였은즉 가두어두지는 않을 것이며
12 제사장이 보기에 나병이 그 피부에 크
게 발생하였으되 그 환자의 머리부터
발끝까지 퍼졌으면
13 그가 진찰할 것이요 나병이 과연 그의
전신에 퍼졌으면 그 환자를 정하다 할
지니 다 희어진 자인즉 정하거니와
14 아무 때든지 그에게 생살이 보이면 그
는 부정한즉
15 제사장이 생살을 진찰하고 그를 부정
하다 할지니 그 생살은 부정한 것인즉
이는 나병이며
16 그 생살이 변하여 다시 희어지면 제사
장에게로 갈 것이요
17 제사장은 그를 진찰하여서 그 환부가
희어졌으면 환자를 정하다 할지니 그
는 정하니라
18 ●피부에 종기가 생겼다가 나았고

7

8

9 ●

10

11

12

13

14

15

16

17

18 ●

19 그 종처에 흰 점이 돋거나 희고 불그스
름한 색점이 생겼으면 제사장에게 보
일 것이요
20 그는 진찰하여 피부보다 얕고 그 털이
희면 그를 부정하다 할지니 이는 종기
로 된 나병의 환부임이니라
21 그러나 제사장이 진찰하여 거기 흰 털
이 없고 피부보다 얕지 아니하고 빛이
엷으면 제사장은 그를 이레 동안 가두
어둘 것이며
22 그 병이 크게 피부에 퍼졌으면 제사장
은 그를 부정하다 할지니 이는 환부임
이니라
23 그러나 그 색점이 여전하고 퍼지지 아
니하였으면 이는 종기 흔적이니 제사
장은 그를 정하다 할지니라
24 ●피부가 불에 데었는데 그 덴 곳에 불
그스름하고 희거나 순전히 흰 색점이
생기면
25 제사장은 진찰할지니 그 색점의 털이
희고 그 자리가 피부보다 우묵하면 이
는 화상에서 생긴 나병인즉 제사장이
그를 부정하다 할 것은 나병의 환부가
됨이니라
26 그러나 제사장이 보기에 그 색점에 흰
털이 없으며 그 자리가 피부보다 얕지
아니하고 빛이 엷으면 그는 그를 이레
동안 가두어둘 것이며
27 이레 만에 제사장이 그를 진찰할지니
만일 병이 크게 피부에 퍼졌으면 그가
그를 부정하다 할 것은 나병의 환부임

19

20

21

22

23

24 ●

25

26

27

이니라
28 만일 색점이 여전하여 피부에 퍼지지
아니하고 빛이 엷으면 화상으로 부은
것이니 제사장이 그를 정하다 할 것은
이는 화상의 흔적임이니라
29 ●남자나 여자의 머리에나 수염에 환
부가 있으면
30 제사장은 진찰할지니 환부가 피부보다
우묵하고 그 자리에 누르스름하고 가
는 털이 있으면 그가 그를 부정하다 할
것은 이는 옴이니라 머리에나 수염에
발생한 나병임이니라
31 만일 제사장이 보기에 그 옴의 환부가
피부보다 우묵하지 아니하고 그 자리
에 검은 털이 없으면 제사장은 그 옴
환자를 이레 동안 가두어둘 것이며
32 이레 만에 제사장은 그 환부를 진찰할
지니 그 옴이 퍼지지 아니하고 그 자리
에 누르스름한 털이 없고 피부보다 우
묵하지 아니하면
33 그는 모발을 밀되 환부는 밀지 말 것이
요 제사장은 옴 환자를 또 이레 동안
가두어둘 것이며
34 이레 만에 제사장은 그 옴을 또 진찰할
지니 그 옴이 피부에 퍼지지 아니하고
피부보다 우묵하지 아니하면 그는 그
를 정하다 할 것이요 그는 자기의 옷을
빨아서 정하게 되려니와
35 깨끗한 후에라도 옴이 크게 피부에 퍼
지면
36 제사장은 그를 진찰할지니 과연 옴이

28

29 ●

30

31

32

33

34

35

36

피부에 퍼졌으면 누른 털을 찾을 것 없
이 그는 부정하니라
37 그러나 제사장이 보기에 옴이 여전하
고 그 자리에 검은 털이 났으면 그 옴
은 나았고 그 사람은 정하니 제사장은
그를 정하다 할지니라
38 ●남자나 여자의 피부에 색점 곧 흰 색
점이 있으면
39 제사장은 진찰할지니 그 피부의 색점
이 부유스름하면 이는 피부에 발생한
어루러기라 그는 정하니라
40 ●누구든지 그 머리털이 빠지면 그는
대머리니 정하고
41 앞머리가 빠져도 그는 이마 대머리니
정하니라
42 그러나 대머리나 이마 대머리에 희고
불그스름한 색점이 있으면 이는 나병
이 대머리에나 이마 대머리에 발생함
이라
43 제사장은 그를 진찰할지니 그 대머리
에나 이마 대머리에 돋은 색점이 희고
불그스름하여 피부에 발생한 나병과
같으면
44 이는 나병 환자라 부정하니 제사장이
그를 확실히 부정하다고 할 것은 그 환
부가 그 머리에 있음이니라
45 ●나병 환자는 옷을 찢고 머리를 풀며
윗입술을 가리고 외치기를 부정하다
부정하다 할 것이요
46 병 있는 날 동안은 늘 부정할 것이라
그가 부정한즉 혼자 살되 진영 밖에서

37

38 ●

39

40 ●

41

42

43

44

45 ●

46

살지니라

의복이나 가죽에 생기는 곰팡이

47 ●만일 의복에 나병 색점이 발생하여
털옷에나 베옷에나
48 베나 털의 날에나 씨에나 혹 가죽에나
가죽으로 만든 모든 것에 있으되
49 그 의복에나 가죽에나 그 날에나 씨에
나 가죽으로 만든 모든 것에 병색이 푸
르거나 붉으면 이는 나병의 색점이라
제사장에게 보일 것이요
50 제사장은 그 색점을 진찰하고 그것을
이레 동안 간직하였다가
51 이레 만에 그 색점을 살필지니 그 색점
이 그 의복의 날에나 씨에나 가죽에나
가죽으로 만든 것에 퍼졌으면 이는 악
성 나병이라 그것이 부정하므로
52 그는 그 색점 있는 의복이나 털이나 베
의 날이나 씨나 모든 가죽으로 만든 것
을 불사를지니 이는 악성 나병인즉 그
것을 불사를지니라
53 ●그러나 제사장이 보기에 그 색점이
그 의복의 날에나 씨에나 모든 가죽으
로 만든 것에 퍼지지 아니하였으면
54 제사장은 명령하여 그 색점 있는 것을
빨게 하고 또 이레 동안 간직하였다가
55 그 빤 곳을 볼지니 그 색점의 빛이 변
하지 아니하고 그 색점이 퍼지지 아니
하였으면 부정하니 너는 그것을 불사
르라 이는 거죽에 있든지 속에 있든지
악성 나병이니라
56 ●빤 후에 제사장이 보기에 그 색점이

의복이나 가죽에 생기는 곰팡이

47 ●

48

49

50

51

52

53 ●

54

55

56 ●

엷으면 그 의복에서나 가죽에서나 그
날에서나 씨에서나 그 색점을 찢어 버
릴 것이요
57 그 의복의 날에나 씨에나 가죽으로 만
든 모든 것에 색점이 여전히 보이면 재
발하는 것이니 너는 그 색점 있는 것을
불사를지니라
58 네가 빤 의복의 날에나 씨에나 가죽으
로 만든 모든 것에 그 색점이 벗겨졌으
면 그것을 다시 빨아야 정하리라
59 ●이는 털옷에나 베옷에나 그 날에나
씨에나 가죽으로 만든 모든 것에 발생
한 나병 색점의 정하고 부정한 것을 진
단하는 규례니라

환자가 정결하게 되는 날의 규례

14 여호와께서 모세에게 말씀하여
이르시되
2 나병 환자가 정결하게 되는 날의 규례
는 이러하니 곧 그 사람을 제사장에게
로 데려갈 것이요
3 제사장은 진영에서 나가 진찰할지니 그
환자에게 있던 나병 환부가 나았으면
4 제사장은 그 정결함을 받을 자를 위하
여 명령하여 살아 있는 정결한 새 두
마리와 백향목과 홍색 실과 우슬초를
가져오게 하고
5 제사장은 또 명령하여 그 새 하나는 흐
르는 물 위 질그릇 안에서 잡게 하고
6 다른 새는 산 채로 가져다가 백향목과
홍색 실과 우슬초와 함께 가져다가 흐
르는 물 위에서 잡은 새의 피를 찍어

57

58

59 ●

환자가 정결하게 되는 날의 규례

14

2

3

4

5

6

7 나병에서 정결함을 받을 자에게 일곱
번 뿌려 정하다 하고 그 살아 있는 새
는 들에 놓을지며
8 정결함을 받는 자는 그의 옷을 빨고 모
든 털을 밀고 물로 몸을 씻을 것이라
그리하면 정하리니 그 후에 진영에 들
어올 것이나 자기 장막 밖에 이레를 머
물 것이요
9 일곱째 날에 그는 모든 털을 밀되 머리
털과 수염과 눈썹을 다 밀고 그의 옷을
빨고 몸을 물에 씻을 것이라 그리하면
정하리라
10 ●여덟째 날에 그는 흠 없는 어린 숫양
두 마리와 일 년 된 흠 없는 어린 암양
한 마리와 또 고운 가루 십분의 삼 에
바에 기름 섞은 소제물과 기름 한 록을
취할 것이요
11 정결하게 하는 제사장은 정결함을 받
을 자와 그 물건들을 회막 문 여호와
앞에 두고
12 어린 숫양 한 마리를 가져다가 기름 한
록과 아울러 속건제로 드리되 여호와
앞에 흔들어 요제를 삼고
13 그 어린 숫양은 거룩한 장소 곧 속죄제
와 번제물 잡는 곳에서 잡을 것이며 속
건제물은 속죄제물과 마찬가지로 제사
장에게 돌릴지니 이는 지극히 거룩한
것이니라
14 제사장은 그 속건제물의 피를 취하여
정결함을 받을 자의 오른쪽 귓부리와
오른쪽 엄지 손가락과 오른쪽 엄지 발

7

8

9

10 ●

11

12

13

14

가락에 바를 것이요
15 제사장은 또 그 한 록의 기름을 취하여
자기 왼쪽 손바닥에 따르고
16 오른쪽 손가락으로 왼쪽 손의 기름을
찍어 그 손가락으로 그것을 여호와 앞
에 일곱 번 뿌릴 것이요
17 손에 남은 기름은 제사장이 정결함을
받을 자의 오른쪽 귓부리와 오른쪽 엄
지 손가락과 오른쪽 엄지 발가락 곧 속
건제물의 피 위에 바를 것이며
18 아직도 그 손에 남은 기름은 제사장이
그 정결함을 받는 자의 머리에 바르고
제사장은 여호와 앞에서 그를 위하여
속죄하고
19 또 제사장은 속죄제를 드려 그 부정함
으로 말미암아 정결함을 받을 자를 위
하여 속죄하고 그 후에 번제물을 잡을
것이요
20 제사장은 그 번제와 소제를 제단에 드
려 그를 위하여 속죄할 것이라 그리하
면 그가 정결하리라
21 ●만일 그가 가난하여 그의 힘이 미치
지 못하면 그는 흔들어 자기를 속죄할
속건제를 위하여 어린 숫양 한 마리와
소제를 위하여 고운 가루 십분의 일 에
바에 기름 섞은 것과 기름 한 록을 취
하고
22 그의 힘이 미치는 대로 산비둘기 둘이
나 집비둘기 새끼 둘을 가져다가 하나
는 속죄제물로, 하나는 번제물로 삼아
23 여덟째 날에 그 결례를 위하여 그것들

15

16

17

18

19

20

21 ●

22

23

을 회막 문 여호와 앞 제사장에게로 가
져갈 것이요
24 제사장은 속건제의 어린 양과 기름 한
록을 가져다가 여호와 앞에 흔들어 요
제를 삼고
25 속건제의 어린 양을 잡아서 제사장은
그 속건제물의 피를 가져다가 정결함
을 받을 자의 오른쪽 귓부리와 오른쪽
엄지 손가락과 오른쪽 엄지 발가락에
바를 것이요
26 제사장은 그 기름을 자기 왼쪽 손바닥
에 따르고
27 오른쪽 손가락으로 왼쪽 손의 기름을
조금 찍어 여호와 앞에 일곱 번 뿌릴
것이요
28 그 손의 기름은 제사장이 정결함을 받
을 자의 오른쪽 귓부리와 오른쪽 엄지
손가락과 오른쪽 엄지 발가락 곧 속건
제물의 피를 바른 곳에 바를 것이며
29 또 그 손에 남은 기름은 제사장이 그
정결함을 받는 자의 머리에 발라 여호
와 앞에서 그를 위하여 속죄할 것이며
30 그는 힘이 미치는 대로 산비둘기 한 마
리나 집비둘기 새끼 한 마리를 드리되
31 곧 그의 힘이 미치는 대로 한 마리는 속
죄제로, 한 마리는 소제와 함께 번제로
드릴 것이요 제사장은 정결함을 받을
자를 위하여 여호와 앞에 속죄할지니
32 나병 환자로서 그 정결예식에 그의 힘
이 미치지 못한 자의 규례가 그러하니
라

24

25

26

27

28

29

30

31

32

집에 생기는 곰팡이

33 ●여호와께서 모세와 아론에게 말씀하
여 이르시되
34 내가 네게 기업으로 주는 가나안 땅에
너희가 이를 때에 너희 기업의 땅에서
어떤 집에 나병 색점을 발생하게 하거
든
35 그 집 주인은 제사장에게 가서 말하여
알리기를 무슨 색점이 집에 생겼다 할
것이요
36 제사장은 그 색점을 살펴보러 가기 전
에 그 집안에 있는 모든 것이 부정을
면하게 하기 위하여 그 집을 비우도록
명령한 후에 들어가서 그 집을 볼지니
37 그 색점을 볼 때에 그 집 벽에 푸르거
나 붉은 무늬의 색점이 있어 벽보다 우
묵하면
38 제사장은 그 집 문으로 나와 그 집을
이레 동안 폐쇄하였다가
39 이레 만에 또 가서 살펴볼 것이요 그
색점이 벽에 퍼졌으면
40 그는 명령하여 색점 있는 돌을 빼내어
성 밖 부정한 곳에 버리게 하고
41 또 집 안 사방을 긁게 하고 그 긁은 흙
을 성 밖 부정한 곳에 쏟아버리게 할
것이요
42 그들은 다른 돌로 그 돌을 대신하며 다
른 흙으로 집에 바를지니라
43 ●돌을 빼내며 집을 긁고 고쳐 바른 후
에 색점이 집에 재발하면
44 제사장은 또 가서 살펴볼 것이요 그 색

집에 생기는 곰팡이

33 ●
34
35
36
37
38
39
40
41
42
43 ●
44

점이 만일 집에 퍼졌으면 악성 나병인
즉 이는 부정하니
45 그는 그 집을 헐고 돌과 그 재목과 그
집의 모든 흙을 성 밖 부정한 곳으로
내어 갈 것이며
46 그 집을 폐쇄한 날 동안에 들어가는 자
는 저녁까지 부정할 것이요
47 그 집에서 자는 자는 그의 옷을 빨 것
이요 그 집에서 먹는 자도 그의 옷을
빨 것이니라
48 ●그 집을 고쳐 바른 후에 제사장이 들
어가 살펴보아서 색점이 집에 퍼지지
아니하였으면 이는 색점이 나은 것이
니 제사장은 그 집을 정하다 하고
49 그는 그 집을 정결하게 하기 위하여 새
두 마리와 백향목과 홍색 실과 우슬초
를 가져다가
50 그 새 하나를 흐르는 물 위 질그릇 안
에서 잡고
51 백향목과 우슬초와 홍색 실과 살아 있
는 새를 가져다가 잡은 새의 피와 흐르
는 물을 찍어 그 집에 일곱 번 뿌릴 것
이요
52 그는 새의 피와 흐르는 물과 살아 있는
새와 백향목과 우슬초와 홍색 실로 집
을 정결하게 하고
53 그 살아 있는 새는 성 밖 들에 놓아 주
고 그 집을 위하여 속죄할 것이라 그러
면 정결하리라
54 ●이는 각종 나병 환부에 대한 규례니
곧 옴과

45

46

47

48 ●

49

50

51

52

53

54 ●

55 의복과 가옥의 나병과
56 돋는 것과 뾰루지와 색점이
57 어느 때는 부정하고 어느 때는 정함을
가르치는 것이니 나병의 규례가 이러
하니라

몸에 유출병이 있으면

15 여호와께서 모세와 아론에게 말
씀하여 이르시되
2 이스라엘 자손에게 말하여 이르라 누
구든지 그의 몸에 유출병이 있으면 그
유출병으로 말미암아 부정한 자라
3 그의 유출병으로 말미암아 부정함이
이러하니 곧 그의 몸에서 흘러 나오든
지 그의 몸에서 흘러 나오는 것이 막혔
든지 부정한즉
4 유출병 있는 자가 눕는 침상은 다 부정
하고 그가 앉았던 자리도 다 부정하니
5 그의 침상에 접촉하는 자는 그의 옷을
빨고 물로 몸을 씻을 것이며 저녁까지
부정하리라
6 유출병이 있는 자가 앉았던 자리에 앉
는 자는 그의 옷을 빨고 물로 씻을 것
이요 저녁까지 부정하리라
7 유출병이 있는 자의 몸에 접촉하는 자
는 그의 옷을 빨고 물로 몸을 씻을 것
이며 저녁까지 부정하리라
8 유출병이 있는 자가 정한 자에게 침을
뱉으면 정한 자는 그의 옷을 빨고 물로
몸을 씻을 것이며 저녁까지 부정하리라
9 유출병이 있는 자가 탔던 안장은 다 부
정하며

55
56
57

몸에 유출병이 있으면

15
2
3
4
5
6
7
8
9

10 그의 몸 아래에 닿았던 것에 접촉한 자
는 다 저녁까지 부정하며 그런 것을 옮
기는 자는 그의 옷을 빨고 물로 몸을
씻을 것이며 저녁까지 부정하리라
11 유출병이 있는 자가 물로 그의 손을 씻
지 아니하고 아무든지 만지면 그 자는
그의 옷을 빨고 물로 몸을 씻을 것이며
저녁까지 부정하리라
12 유출병이 있는 자가 만진 질그릇은 깨
뜨리고 나무 그릇은 다 물로 씻을지니
라
13 ●유출병이 있는 자는 그의 유출이 깨
끗해지거든 그가 정결하게 되기 위하
여 이레를 센 후에 옷을 빨고 흐르는
물에 그의 몸을 씻을 것이라 그러면 그
가 정하리니
14 여덟째 날에 산비둘기 두 마리나 집비
둘기 새끼 두 마리를 자기를 위하여 가
져다가 회막 문 여호와 앞으로 가서 제
사장에게 줄 것이요
15 제사장은 그 한 마리는 속죄제로, 다른
한 마리는 번제로 드려 그의 유출병으
로 말미암아 여호와 앞에서 속죄할지
니라
16 ●설정한 자는 전신을 물로 씻을 것이
며 저녁까지 부정하리라
17 정수가 묻은 모든 옷과 가죽은 물에 빨
것이며 저녁까지 부정하리라
18 남녀가 동침하여 설정하였거든 둘 다
물로 몸을 씻을 것이며 저녁까지 부정
하리라

10

11

12

13 ●

14

15

16 ●

17

18

여인이 유출을 하면

19 ●어떤 여인이 유출을 하되 그의 몸에
그의 유출이 피이면 이레 동안 불결하
니 그를 만지는 자마다 저녁까지 부정
할 것이요
20 그가 불결할 동안에는 그가 누웠던 자
리도 다 부정하며 그가 앉았던 자리도
다 부정한즉
21 그의 침상을 만지는 자는 다 그의 옷을
빨고 물로 몸을 씻을 것이요 저녁까지
부정할 것이며
22 그가 앉은 자리를 만지는 자도 다 그들
의 옷을 빨고 물로 몸을 씻을 것이요
저녁까지 부정할 것이며
23 그의 침상 위에나 그가 앉은 자리 위에
있는 것을 만지는 모든 자도 저녁까지
부정할 것이며
24 누구든지 이 여인과 동침하여 그의 불
결함에 전염되면 이레 동안 부정할 것
이라 그가 눕는 침상은 다 부정하니라
25 ●만일 여인의 피의 유출이 그의 불결
기가 아닌데도 여러 날이 간다든지 그
유출이 그의 불결기를 지나도 계속되
면 그 부정을 유출하는 모든 날 동안은
그 불결한 때와 같이 부정한즉
26 그의 유출이 있는 모든 날 동안에 그가
눕는 침상은 그에게 불결한 때의 침상
과 같고 그가 앉는 모든 자리도 부정함
이 불결한 때의 부정과 같으니
27 그것들을 만지는 자는 다 부정한즉 그
의 옷을 빨고 물로 몸을 씻을 것이며

여인이 유출을 하면

19 ●

20

21

22

23

24

25 ●

26

27

저녁까지 부정할 것이요
28 그의 유출이 그치면 이레를 센 후에야
정하리니
29 그는 여덟째 날에 산비둘기 두 마리나
집비둘기 새끼 두 마리를 자기를 위하
여 가져다가 회막 문 앞 제사장에게로
가져갈 것이요
30 제사장은 그 한 마리는 속죄제로, 다른
한 마리는 번제로 드려 유출로 부정한
여인을 위하여 여호와 앞에서 속죄할
지니라
31 ●너희는 이와 같이 이스라엘 자손이
그들의 부정에서 떠나게 하여 그들 가
운데에 있는 내 성막을 그들이 더럽히
고 그들이 부정한 중에서 죽지 않도록
할지니라
32 ●이 규례는 유출병이 있는 자와 설정
함으로 부정하게 된 자와
33 불결기의 앓는 여인과 유출병이 있는
남녀와 그리고 불결한 여인과 동침한
자에 대한 것이니라

속죄일

16 아론의 두 아들이 여호와 앞에
나아가다가 죽은 후에 여호와께
서 모세에게 말씀하시니라
2 여호와께서 모세에게 이르시되 네 형
아론에게 이르라 성소의 휘장 안 법궤
위 속죄소 앞에 아무 때나 들어오지 말
라 그리하여 죽지 않도록 하라 이는 내
가 구름 가운데에서 속죄소 위에 나타
남이니라

28

29

30

31 ●

32 ●

33

속죄일

16

2

3 아론이 성소에 들어오려면 수송아지를
속죄제물로 삼고 숫양을 번제물로 삼
고
4 거룩한 세마포 속옷을 입으며 세마포
속바지를 몸에 입고 세마포 띠를 띠며
세마포 관을 쓸지니 이것들은 거룩한
옷이라 물로 그의 몸을 씻고 입을 것이
며
5 이스라엘 자손의 회중에게서 속죄제물
로 삼기 위하여 숫염소 두 마리와 번제
물로 삼기 위하여 숫양 한 마리를 가져
갈지니라
6 ●아론은 자기를 위한 속죄제의 수송
아지를 드리되 자기와 집안을 위하여
속죄하고
7 또 그 두 염소를 가지고 회막 문 여호
와 앞에 두고
8 두 염소를 위하여 제비 뽑되 한 제비는
여호와를 위하고 한 제비는 아사셀을
위하여 할지며
9 아론은 여호와를 위하여 제비 뽑은 염
소를 속죄제로 드리고
10 아사셀을 위하여 제비 뽑은 염소는 산
채로 여호와 앞에 두었다가 그것으로
속죄하고 아사셀을 위하여 광야로 보
낼지니라
11 ●아론은 자기를 위한 속죄제의 수송
아지를 드리되 자기와 집안을 위하여
속죄하고 자기를 위한 그 속죄제 수송
아지를 잡고
12 향로를 가져다가 여호와 앞 제단 위에

3
4
5
6 ●
7
8
9
10
11 ●
12

서 피운 불을 그것에 채우고 또 곱게
간 향기로운 향을 두 손에 채워 가지고
휘장 안에 들어가서
13 여호와 앞에서 분향하여 향연으로 증
거궤 위 속죄소를 가리게 할지니 그리
하면 그가 죽지 아니할 것이며
14 그는 또 수송아지의 피를 가져다가 손
가락으로 속죄소 동쪽에 뿌리고 또 손
가락으로 그 피를 속죄소 앞에 일곱 번
뿌릴 것이며
15 또 백성을 위한 속죄제 염소를 잡아 그
피를 가지고 휘장 안에 들어가서 그 수
송아지 피로 행함 같이 그 피로 행하여
속죄소 위와 속죄소 앞에 뿌릴지니
16 곧 이스라엘 자손의 부정과 그들이 범
한 모든 죄로 말미암아 지성소를 위하
여 속죄하고 또 그들의 부정한 중에 있
는 회막을 위하여 그같이 할 것이요
17 그가 지성소에 속죄하러 들어가서 자
기와 그의 집안과 이스라엘 온 회중을
위하여 속죄하고 나오기까지는 누구든
지 회막에 있지 못할 것이며
18 그는 여호와 앞 제단으로 나와서 그것
을 위하여 속죄할지니 곧 그 수송아지
의 피와 염소의 피를 가져다가 제단 귀
퉁이 뿔들에 바르고
19 또 손가락으로 그 피를 그 위에 일곱
번 뿌려 이스라엘 자손의 부정에서 제
단을 성결하게 할 것이요
20 그 지성소와 회막과 제단을 위하여 속
죄하기를 마친 후에 살아 있는 염소를

13

14

15

16

17

18

19

20

드리되
21 아론은 그의 두 손으로 살아 있는 염소
의 머리에 안수하여 이스라엘 자손의
모든 불의와 그 범한 모든 죄를 아뢰고
그 죄를 염소의 머리에 두어 미리 정한
사람에게 맡겨 광야로 보낼지니
22 염소가 그들의 모든 불의를 지고 접근
하기 어려운 땅에 이르거든 그는 그 염
소를 광야에 놓을지니라
23 ●아론은 회막에 들어가서 지성소에
들어갈 때에 입었던 세마포 옷을 벗어
거기 두고
24 거룩한 곳에서 물로 그의 몸을 씻고 자
기 옷을 입고 나와서 자기의 번제와 백
성의 번제를 드려 자기와 백성을 위하
여 속죄하고
25 속죄제물의 기름을 제단에서 불사를
것이요
26 염소를 아사셀에게 보낸 자는 그의 옷
을 빨고 물로 그의 몸을 씻은 후에 진
영에 들어갈 것이며
27 속죄제 수송아지와 속죄제 염소의 피
를 성소로 들여다가 속죄하였은즉 그
가죽과 고기와 똥을 밖으로 내다가 불
사를 것이요
28 불사른 자는 그의 옷을 빨고 물로 그의
몸을 씻은 후에 진영에 들어갈지니라
29 ●너희는 영원히 이 규례를 지킬지니
라 일곱째 달 곧 그 달 십일에 너희는
스스로 괴롭게 하고 아무 일도 하지 말
되 본토인이든지 너희 중에 거류하는

21

22

23 ●

24

25

26

27

28

29 ●

거류민이든지 그리하라
30 이 날에 너희를 위하여 속죄하여 너희
를 정결하게 하리니 너희의 모든 죄에
서 너희가 여호와 앞에 정결하리라
31 이는 너희에게 안식일 중의 안식일인
즉 너희는 스스로 괴롭게 할지니 영원
히 지킬 규례라
32 기름 부음을 받고 위임되어 자기의 아
버지를 대신하여 제사장의 직분을 행
하는 제사장은 속죄하되 세마포 옷 곧
거룩한 옷을 입고
33 지성소를 속죄하며 회막과 제단을 속
죄하고 또 제사장들과 백성의 회중을
위하여 속죄할지니
34 이는 너희가 영원히 지킬 규례라 이스
라엘 자손의 모든 죄를 위하여 일 년에
한 번 속죄할 것이니라 아론이 여호와
께서 모세에게 명령하신 대로 행하니
라

제물을 드릴 곳

17 여호와께서 모세에게 말씀하여
이르시되
2 아론과 그의 아들들과 이스라엘의 모
든 자손에게 말하여 그들에게 이르기
를 여호와의 명령이 이러하시다 하라
3 이스라엘 집의 모든 사람이 소나 어린
양이나 염소를 진영 안에서 잡든지 진
영 밖에서 잡든지
4 먼저 회막 문으로 끌고 가서 여호와의
성막 앞에서 여호와께 예물로 드리지
아니하는 자는 피 흘린 자로 여길 것이

30
31
32
33
34
제물을 드릴 곳
17
2
3
4

라 그가 피를 흘렸은즉 자기 백성 중에
서 끊어지리라
5 그런즉 이스라엘 자손이 들에서 잡던
그들의 제물을 회막 문 여호와께로 끌
고 가서 제사장에게 주어 화목제로 여
호와께 드려야 할 것이요
6 제사장은 그 피를 회막 문 여호와의 제
단에 뿌리고 그 기름을 불살라 여호와
께 향기로운 냄새가 되게 할 것이라
7 그들은 전에 음란하게 섬기던 숫염소
에게 다시 제사하지 말 것이니라 이는
그들이 대대로 지킬 영원한 규례니라
8 ●너는 또 그들에게 이르라 이스라엘
집 사람이나 혹은 그들 중에 거류하는
거류민이 번제나 제물을 드리되
9 회막 문으로 가져다가 여호와께 드리
지 아니하면 그는 백성 중에서 끊어지
리라

피를 먹지 말라

10 ●이스라엘 집 사람이나 그들 중에 거
류하는 거류민 중에 무슨 피든지 먹는
자가 있으면 내가 그 피를 먹는 그 사
람에게는 내 얼굴을 대하여 그를 백성
중에서 끊으리니
11 육체의 생명은 피에 있음이라 내가 이
피를 너희에게 주어 제단에 뿌려 너희
의 생명을 위하여 속죄하게 하였나니
생명이 피에 있으므로 피가 죄를 속하
느니라
12 그러므로 내가 이스라엘 자손에게 말
하기를 너희 중에 아무도 피를 먹지 말

5

6

7

8 ●

9

피를 먹지 말라

10 ●

11

12

며 너희 중에 거류하는 거류민이라도
피를 먹지 말라 하였나니
13 모든 이스라엘 자손이나 그들 중에 거
류하는 거류민이 먹을 만한 짐승이나
새를 사냥하여 잡거든 그것의 피를 흘
리고 흙으로 덮을지니라
14 모든 생물은 그 피가 생명과 일체라 그
러므로 내가 이스라엘 자손에게 이르
기를 너희는 어떤 육체의 피든지 먹지
말라 하였나니 모든 육체의 생명은 그
것의 피인즉 그 피를 먹는 모든 자는
끊어지리라
15 또 스스로 죽은 것이나 들짐승에게 찢
겨 죽은 것을 먹은 모든 자는 본토인이
거나 거류민이거나 그의 옷을 빨고 물
로 몸을 씻을 것이며 저녁까지 부정하
고 그 후에는 정하려니와
16 그가 빨지 아니하거나 그의 몸을 물로
씻지 아니하면 그가 죄를 담당하리라

가증한 풍속을 따르지 말라

18 여호와께서 모세에게 말씀하여
이르시되
2 너는 이스라엘 자손에게 말하여 이르
라 나는 여호와 너희의 하나님이니라
3 너희는 너희가 거주하던 애굽 땅의 풍
속을 따르지 말며 내가 너희를 인도할
가나안 땅의 풍속과 규례도 행하지 말
고
4 너희는 내 법도를 따르며 내 규례를 지
켜 그대로 행하라 나는 너희의 하나님
여호와이니라

13
14
15
16
가증한 풍속을 따르지 말라
18
2
3
4

5 너희는 내 규례와 법도를 지키라 사람
이 이를 행하면 그로 말미암아 살리라
나는 여호와이니라
6 ●각 사람은 자기의 살붙이를 가까이
하여 그의 하체를 범하지 말라 나는 여
호와이니라
7 네 어머니의 하체는 곧 네 아버지의 하
체이니 너는 범하지 말라 그는 네 어머
니인즉 너는 그의 하체를 범하지 말지
니라
8 너는 네 아버지의 아내의 하체를 범하
지 말라 이는 네 아버지의 하체니라
9 너는 네 자매 곧 네 아버지의 딸이나
네 어머니의 딸이나 집에서나 다른 곳
에서 출생하였음을 막론하고 그들의
하체를 범하지 말지니라
10 네 손녀나 네 외손녀의 하체를 범하지
말라 이는 네 하체니라
11 네 아버지의 아내가 네 아버지에게 낳
은 딸은 네 누이니 너는 그의 하체를
범하지 말지니라
12 너는 네 고모의 하체를 범하지 말라 그
는 네 아버지의 살붙이니라
13 너는 네 이모의 하체를 범하지 말라 그
는 네 어머니의 살붙이니라
14 너는 네 아버지 형제의 아내를 가까이
하여 그의 하체를 범하지 말라 그는 네
숙모니라
15 너는 네 며느리의 하체를 범하지 말라
그는 네 아들의 아내이니 그의 하체를
범하지 말지니라

5

6 ●

7

8

9

10

11

12

13

14

15

16 너는 네 형제의 아내의 하체를 범하지
말라 이는 네 형제의 하체니라
17 너는 여인과 그 여인의 딸의 하체를 아
울러 범하지 말며 또 그 여인의 손녀나
외손녀를 아울러 데려다가 그의 하체
를 범하지 말라 그들은 그의 살붙이이
니 이는 악행이니라
18 너는 아내가 생존할 동안에 그의 자매
를 데려다가 그의 하체를 범하여 그로
질투하게 하지 말지니라
19 ●너는 여인이 월경으로 불결한 동안
에 그에게 가까이 하여 그의 하체를 범
하지 말지니라
20 너는 네 이웃의 아내와 동침하여 설정
하므로 그 여자와 함께 자기를 더럽히
지 말지니라
21 너는 결단코 자녀를 몰렉에게 주어 불
로 통과하게 함으로 네 하나님의 이름
을 욕되게 하지 말라 나는 여호와이니
라
22 너는 여자와 동침함 같이 남자와 동침
하지 말라 이는 가증한 일이니라
23 너는 짐승과 교합하여 자기를 더럽히
지 말며 여자는 짐승 앞에 서서 그것과
교접하지 말라 이는 문란한 일이니라
24 ●너희는 이 모든 일로 스스로 더럽히
지 말라 내가 너희 앞에서 쫓아내는 족
속들이 이 모든 일로 말미암아 더러워
졌고
25 그 땅도 더러워졌으므로 내가 그 악으
로 말미암아 벌하고 그 땅도 스스로 그

16

17

18

19 ●

20

21

22

23

24 ●

25

주민을 토하여 내느니라
26 그러므로 너희 곧 너희의 동족이나 혹
은 너희 중에 거류하는 거류민이나 내
규례와 내 법도를 지키고 이런 가증한
일의 하나라도 행하지 말라
27 너희 전에 있던 그 땅 주민이 이 모든
가증한 일을 행하였고 그 땅도 더러워
졌느니라
28 너희도 더럽히면 그 땅이 너희가 있기
전 주민을 토함 같이 너희를 토할까 하
노라
29 이 가증한 모든 일을 행하는 자는 그
백성 중에서 끊어지리라
30 그러므로 너희는 내 명령을 지키고 너
희가 들어가기 전에 행하던 가증한 풍
속을 하나라도 따름으로 스스로 더럽
히지 말라 나는 너희의 하나님 여호와
이니라

너희는 거룩하라

19 여호와께서 모세에게 말씀하여
이르시되
2 너는 이스라엘 자손의 온 회중에게 말
하여 이르라 너희는 거룩하라 이는 나
여호와 너희 하나님이 거룩함이니라
3 너희 각 사람은 부모를 경외하고 나의
안식일을 지키라 나는 너희의 하나님
여호와이니라
4 너희는 헛된 것들에게로 향하지 말며
너희를 위하여 신상들을 부어 만들지
말라 나는 너희의 하나님 여호와이니라
5 ●너희는 화목제물을 여호와께 드릴

26

27

28

29

30

너희는 거룩하라

19

2

3

4

5 ●

때에 기쁘게 받으시도록 드리고
6 그 제물은 드리는 날과 이튿날에 먹고
셋째 날까지 남았거든 불사르라
7 셋째 날에 조금이라도 먹으면 가증한
것이 되어 기쁘게 받으심이 되지 못하
고
8 그것을 먹는 자는 여호와의 성물을 더
럽힘으로 말미암아 죄를 담당하리니
그가 그의 백성 중에서 끊어지리라
9 ●너희가 너희의 땅에서 곡식을 거둘
때에 너는 밭 모퉁이까지 다 거두지 말
고 네 떨어진 이삭도 줍지 말며
10 네 포도원의 열매를 다 따지 말며 네
포도원에 떨어진 열매도 줍지 말고 가
난한 사람과 거류민을 위하여 버려두
라 나는 너희의 하나님 여호와이니라
11 ●너희는 도둑질하지 말며 속이지 말
며 서로 거짓말하지 말며
12 너희는 내 이름으로 거짓 맹세함으로
네 하나님의 이름을 욕되게 하지 말라
나는 여호와이니라
13 ●너는 네 이웃을 억압하지 말며 착취
하지 말며 품꾼의 삯을 아침까지 밤새
도록 네게 두지 말며
14 너는 귀먹은 자를 저주하지 말며 맹인
앞에 장애물을 놓지 말고 네 하나님을
경외하라 나는 여호와이니라
15 ●너희는 재판할 때에 불의를 행하지
말며 가난한 자의 편을 들지 말며 세력
있는 자라고 두둔하지 말고 공의로 사
람을 재판할지며

6

7

8

9 ●

10

11 ●

12

13 ●

14

15 ●

16 너는 네 백성 중에 돌아다니며 사람을
비방하지 말며 네 이웃의 피를 흘려 이
익을 도모하지 말라 나는 여호와이니라
17 ●너는 네 형제를 마음으로 미워하지
말며 네 이웃을 반드시 견책하라 그러
면 네가 그에 대하여 죄를 담당하지 아
니하리라
18 원수를 갚지 말며 동포를 원망하지 말
며 네 이웃 사랑하기를 네 자신과 같이
사랑하라 나는 여호와이니라
19 ●너희는 내 규례를 지킬지어다 네 가
축을 다른 종류와 교미시키지 말며 네
밭에 두 종자를 섞어 뿌리지 말며 두
재료로 직조한 옷을 입지 말지며
20 만일 어떤 사람이 다른 사람과 정혼한
여종 곧 아직 속량되거나 해방되지 못
한 여인과 동침하여 설정하면 그것은
책망을 받을 일이니라 그러나 그들은
죽임을 당하지는 아니하리니 그 여인
이 해방되지 못하였기 때문이니라
21 그 남자는 그 속건제물 곧 속건제 숫양
을 회막 문 여호와께로 끌고 올 것이요
22 제사장은 그가 범한 죄를 위하여 그 속
건제의 숫양으로 여호와 앞에 속죄할
것이요 그리하면 그가 범한 죄를 사함
받으리라
23 ●너희가 그 땅에 들어가 각종 과목을
심거든 그 열매는 아직 할례 받지 못한
것으로 여기되 곧 삼 년 동안 너희는
그것을 할례 받지 못한 것으로 여겨 먹
지 말 것이요

16

17 ●

18

19 ●

20

21

22

23 ●

24 넷째 해에는 그 모든 과실이 거룩하니
여호와께 드려 찬송할 것이며
25 다섯째 해에는 그 열매를 먹을지니 그
리하면 너희에게 그 소산이 풍성하리
라 나는 너희의 하나님 여호와이니라
26 ●너희는 무엇이든지 피째 먹지 말며
점을 치지 말며 술법을 행하지 말며
27 머리 가를 둥글게 깎지 말며 수염 끝을
손상하지 말며
28 죽은 자 때문에 너희의 살에 문신을 하
지 말며 무늬를 놓지 말라 나는 여호와
이니라
29 ●네 딸을 더럽혀 창녀가 되게 하지 말
라 음행이 전국에 퍼져 죄악이 가득할
까 하노라
30 내 안식일을 지키고 내 성소를 귀히 여
기라 나는 여호와이니라
31 ●너희는 신접한 자와 박수를 믿지 말
며 그들을 추종하여 스스로 더럽히지
말라 나는 너희 하나님 여호와이니라
32 ●너는 센 머리 앞에서 일어서고 노인
의 얼굴을 공경하며 네 하나님을 경외
하라 나는 여호와이니라
33 ●거류민이 너희의 땅에 거류하여 함
께 있거든 너희는 그를 학대하지 말고
34 너희와 함께 있는 거류민을 너희 중에
서 낳은 자 같이 여기며 자기 같이 사
랑하라 너희도 애굽 땅에서 거류민이
되었었느니라 나는 너희의 하나님 여
호와이니라
35 ●너희는 재판할 때나 길이나 무게나

24

25

26 ●

27

28

29 ●

30

31 ●

32 ●

33 ●

34

35 ●

양을 잴 때 불의를 행하지 말고
36 공평한 저울과 공평한 추와 공평한 에
바와 공평한 힌을 사용하라 나는 너희
를 인도하여 애굽 땅에서 나오게 한 너
희의 하나님 여호와이니라
37 너희는 내 모든 규례와 내 모든 법도를
지켜 행하라 나는 여호와이니라

반드시 죽여야 하는 죄

20 여호와께서 모세에게 말씀하여
이르시되
2 너는 이스라엘 자손에게 또 이르라 그
가 이스라엘 자손이든지 이스라엘에
거류하는 거류민이든지 그의 자식을
몰렉에게 주면 반드시 죽이되 그 지방
사람이 돌로 칠 것이요
3 나도 그 사람에게 진노하여 그를 그의
백성 중에서 끊으리니 이는 그가 그의
자식을 몰렉에게 주어서 내 성소를 더
럽히고 내 성호를 욕되게 하였음이라
4 그가 그의 자식을 몰렉에게 주는 것을
그 지방 사람이 못 본 체하고 그를 죽
이지 아니하면
5 내가 그 사람과 그의 권속에게 진노하
여 그와 그를 본받아 몰렉을 음란하게
섬기는 모든 사람을 그들의 백성 중에
서 끊으리라
6 ●접신한 자와 박수무당을 음란하게
따르는 자에게는 내가 진노하여 그를
그의 백성 중에서 끊으리니
7 너희는 스스로 깨끗하게 하여 거룩할
지어다 나는 너희의 하나님 여호와이

36

37

반드시 죽여야 하는 죄

20

2

3

4

5

6 ●

7

니라
8 너희는 내 규례를 지켜 행하라 나는 너
희를 거룩하게 하는 여호와이니라
9 만일 누구든지 자기의 아버지나 어머
니를 저주하는 자는 반드시 죽일지니
그가 자기의 아버지나 어머니를 저주
하였은즉 그의 피가 자기에게로 돌아
가리라
10 ●누구든지 남의 아내와 간음하는 자
곧 그의 이웃의 아내와 간음하는 자는
그 간부와 음부를 반드시 죽일지니라
11 누구든지 그의 아버지의 아내와 동침
하는 자는 그의 아버지의 하체를 범하
였은즉 둘 다 반드시 죽일지니 그들의
피가 자기들에게로 돌아가리라
12 누구든지 그의 며느리와 동침하거든
둘 다 반드시 죽일지니 그들이 가증한
일을 행하였음이라 그들의 피가 자기
들에게로 돌아가리라
13 누구든지 여인과 동침하듯 남자와 동
침하면 둘 다 가증한 일을 행함인즉 반
드시 죽일지니 자기의 피가 자기에게
로 돌아가리라
14 누구든지 아내와 자기의 장모를 함께
데리고 살면 악행인즉 그와 그들을 함
께 불사를지니 이는 너희 중에 악행이
없게 하려 함이니라
15 남자가 짐승과 교합하면 반드시 죽이
고 너희는 그 짐승도 죽일 것이며
16 여자가 짐승에게 가까이 하여 교합하
면 너는 여자와 짐승을 죽이되 그들을

8

9

10 ●

11

12

13

14

15

16

반드시 죽일지니 그들의 피가 자기들
에게로 돌아가리라
17 ●누구든지 그의 자매 곧 그의 아버지
의 딸이나 그의 어머니의 딸을 데려다
가 그 여자의 하체를 보고 여자는 그
남자의 하체를 보면 부끄러운 일이라
그들의 민족 앞에서 그들이 끊어질지
니 그가 자기의 자매의 하체를 범하였
은즉 그가 그의 죄를 담당하리라
18 누구든지 월경 중의 여인과 동침하여
그의 하체를 범하면 남자는 그 여인의
근원을 드러냈고 여인은 자기의 피 근
원을 드러내었음인즉 둘 다 백성 중에
서 끊어지리라
19 네 이모나 고모의 하체를 범하지 말지
니 이는 살붙이의 하체인즉 그들이 그
들의 죄를 담당하리라
20 누구든지 그의 숙모와 동침하면 그의
숙부의 하체를 범함이니 그들은 그들의
죄를 담당하여 자식이 없이 죽으리라
21 누구든지 그의 형제의 아내를 데리고
살면 더러운 일이라 그가 그의 형제의
하체를 범함이니 그들에게 자식이 없
으리라
22 ●너희는 나의 모든 규례와 법도를 지
켜 행하라 그리하여야 내가 너희를 인
도하여 거주하게 하는 땅이 너희를 토
하지 아니하리라
23 너희는 내가 너희 앞에서 쫓아내는 족
속의 풍속을 따르지 말라 그들이 이 모
든 일을 행하므로 내가 그들을 가증히

17 ●

18

19

20

21

22 ●

23

여기노라
24 내가 전에 너희에게 이르기를 너희가
그들의 땅을 기업으로 받을 것이라 내
가 그 땅 곧 젖과 꿀이 흐르는 땅을 너
희에게 주어 유업을 삼게 하리라 하였
노라 나는 너희를 만민 중에서 구별한
너희의 하나님 여호와이니라
25 너희는 짐승이 정하고 부정함과 새가
정하고 부정함을 구별하고 내가 너희
를 위하여 부정한 것으로 구별한 짐승
이나 새나 땅에 기는 것들로 너희의 몸
을 더럽히지 말라
26 너희는 나에게 거룩할지어다 이는 나
여호와가 거룩하고 내가 또 너희를 나
의 소유로 삼으려고 너희를 만민 중에
서 구별하였음이니라
27 ●남자나 여자가 접신하거나 박수무당
이 되거든 반드시 죽일지니 곧 돌로 그
를 치라 그들의 피가 자기들에게로 돌
아가리라

제사장이 지켜야 할 규례

21 여호와께서 모세에게 이르시되
아론의 자손 제사장들에게 말하
여 이르라 그의 백성 중에서 죽은 자를
만짐으로 말미암아 스스로를 더럽히지
말려니와
2 그의 살붙이인 그의 어머니나 그의 아
버지나 그의 아들이나 그의 딸이나 그
의 형제나
3 출가하지 아니한 처녀인 그의 자매로
말미암아서는 몸을 더럽힐 수 있느니라

24
25
26
27 ●
제사장이 지켜야 할 규례
21
2
3

4 제사장은 그의 백성의 어른인즉 자신
을 더럽혀 속되게 하지 말지니라
5 제사장들은 머리털을 깎아 대머리 같
게 하지 말며 자기의 수염 양쪽을 깎지
말며 살을 베지 말고
6 그들의 하나님께 대하여 거룩하고 그
들의 하나님의 이름을 욕되게 하지 말
것이며 그들은 여호와의 화제 곧 그들
의 하나님의 음식을 드리는 자인즉 거
룩할 것이라
7 그들은 부정한 창녀나 이혼 당한 여인
을 취하지 말지니 이는 그가 여호와 하
나님께 거룩함이니라
8 너는 그를 거룩히 여기라 그는 네 하나
님의 음식을 드림이니라 너는 그를 거
룩히 여기라 너희를 거룩하게 하는 나
여호와는 거룩함이니라
9 어떤 제사장의 딸이든지 행음하여 자
신을 속되게 하면 그의 아버지를 속되
게 함이니 그를 불사를지니라
10 ●자기의 형제 중 관유로 부음을 받고
위임되어 그 예복을 입은 대제사장은
그의 머리를 풀지 말며 그의 옷을 찢지
말며
11 어떤 시체에든지 가까이 하지 말지니
그의 부모로 말미암아서도 더러워지게
하지 말며
12 그 성소에서 나오지 말며 그의 하나님
의 성소를 속되게 하지 말라 이는 하나
님께서 성별하신 관유가 그 위에 있음
이니라 나는 여호와이니라

4

5

6

7

8

9

10 ●

11

12

13 그는 처녀를 데려다가 아내를 삼을지니
14 과부나 이혼 당한 여자나 창녀 짓을 하
는 더러운 여인을 취하지 말고 자기 백
성 중에서 처녀를 취하여 아내를 삼아
15 그의 자손이 그의 백성 중에서 속되게
하지 말지니 나는 그를 거룩하게 하는
여호와임이니라
16 ●여호와께서 모세에게 말씀하여 이르
시되
17 아론에게 말하여 이르라 누구든지 너
의 자손 중 대대로 육체에 흠이 있는
자는 그 하나님의 음식을 드리려고 가
까이 오지 못할 것이니라
18 누구든지 흠이 있는 자는 가까이 하지
못할지니 곧 맹인이나 다리 저는 자나
코가 불완전한 자나 지체가 더한 자나
19 발 부러진 자나 손 부러진 자나
20 등 굽은 자나 키 못 자란 자나 눈에 백
막이 있는 자나 습진이나 버짐이 있는
자나 고환 상한 자나
21 제사장 아론의 자손 중에 흠이 있는 자
는 나와 여호와께 화제를 드리지 못할
지니 그는 흠이 있은즉 나와서 그의 하
나님께 음식을 드리지 못하느니라
22 그는 그의 하나님의 음식이 지성물이
든지 성물이든지 먹을 것이나
23 휘장 안에 들어가지 못할 것이요 제단
에 가까이 하지 못할지니 이는 그가 흠
이 있음이니라 이와 같이 그가 내 성소
를 더럽히지 못할 것은 나는 그들을 거
룩하게 하는 여호와임이니라

13
14
15
16 ●
17
18
19
20
21
22
23

24 이와 같이 모세가 아론과 그의 아들들
과 온 이스라엘 자손에게 말하였더라

성물을 먹는 규례

22 여호와께서 모세에게 말씀하여
이르시되
2 아론과 그의 아들들에게 말하여 그들
로 이스라엘 자손이 내게 드리는 그 성
물에 대하여 스스로 구별하여 내 성호
를 욕되게 함이 없게 하라 나는 여호와
이니라
3 그들에게 이르라 누구든지 네 자손 중
에 대대로 그의 몸이 부정하면서도 이
스라엘 자손이 구별하여 여호와께 드
리는 성물에 가까이 하는 자는 내 앞에
서 끊어지리라 나는 여호와이니라
4 아론의 자손 중 나병 환자나 유출병자
는 그가 정결하기 전에는 그 성물을 먹
지 말 것이요 시체의 부정에 접촉된 자
나 설정한 자나
5 무릇 사람을 부정하게 하는 벌레에 접
촉된 모든 사람과 무슨 부정이든지 사
람을 더럽힐 만한 것에게 접촉된 자
6 곧 이런 것에 접촉된 자는 저녁까지 부
정하니 그의 몸을 물로 씻지 아니하면
그 성물을 먹지 못할지며
7 해 질 때에야 정하리니 그 후에야 그
성물을 먹을 것이니라 이는 자기의 음
식이 됨이니라
8 시체나 찢겨 죽은 짐승을 먹음으로 자
기를 더럽히지 말라 나는 여호와이니라
9 그들은 내 명령을 지킬 것이니라 그것

24

성물을 먹는 규례

22

2

3

4

5

6

7

8

9

을 속되게 하면 그로 말미암아 죄를 짓
고 그 가운데에서 죽을까 하노라 나는
그들을 거룩하게 하는 여호와이니라
10 ●일반인은 성물을 먹지 못할 것이며
제사장의 객이나 품꾼도 다 성물을 먹
지 못할 것이니라
11 그러나 제사장이 그의 돈으로 어떤 사
람을 샀으면 그는 그것을 먹을 것이며
그의 집에서 출생한 자도 그렇게 하여
그들이 제사장의 음식을 먹을 것이며
12 제사장의 딸이 일반인에게 출가하였으
면 거제의 성물을 먹지 못하되
13 만일 그가 과부가 되든지 이혼을 당하
든지 자식이 없이 그의 친정에 돌아와
서 젊었을 때와 같으면 그는 그의 아버
지 몫의 음식을 먹을 것이나 일반인은
먹지 못할 것이니라
14 만일 누가 부지중에 성물을 먹으면 그
성물에 그것의 오분의 일을 더하여 제
사장에게 줄지니라
15 이스라엘 자손이 여호와께 드리는 성
물을 그들은 속되게 하지 말지니
16 그들이 성물을 먹으면 그 죄로 인하여
형벌을 받게 할 것이니라 나는 그 음식
을 거룩하게 하는 여호와이니라

여호와께서 기쁘게 받으시는 제물

17 ●여호와께서 모세에게 말씀하여 이르
시되
18 아론과 그의 아들들과 이스라엘 온 족
속에게 말하여 이르라 이스라엘 자손
이나 그 중에 거류하는 자가 서원제물

10 ●

11

12

13

14

15

16

여호와께서 기쁘게 받으시는 제물

17 ●

18

이나 자원제물로 번제와 더불어 여호
와께 예물로 드리려거든
19 기쁘게 받으심이 되도록 소나 양이나
염소의 흠 없는 수컷으로 드릴지니
20 흠 있는 것은 무엇이나 너희가 드리지
말 것은 그것이 기쁘게 받으심이 되지
못할 것임이니라
21 만일 누구든지 서원한 것을 갚으려 하
든지 자의로 예물을 드리려 하여 소나
양으로 화목제물을 여호와께 드리는
자는 기쁘게 받으심이 되도록 아무 흠
이 없는 온전한 것으로 할지니
22 너희는 눈 먼 것이나 상한 것이나 지체
에 베임을 당한 것이나 종기 있는 것이
나 습진 있는 것이나 비루먹은 것을 여
호와께 드리지 말며 이런 것들은 제단
위에 화제물로 여호와께 드리지 말라
23 소나 양의 지체가 더하거나 덜하거나
한 것은 너희가 자원제물로는 쓰려니
와 서원제물로 드리면 기쁘게 받으심
이 되지 못하리라
24 너희는 고환이 상하였거나 치었거나
터졌거나 베임을 당한 것은 여호와께
드리지 말며 너희의 땅에서는 이런 일
을 행하지도 말지며
25 너희는 외국인에게서도 이런 것을 받
아 너희의 하나님의 음식으로 드리지
말라 이는 결점이 있고 흠이 있는 것인
즉 너희를 위하여 기쁘게 받으심이 되
지 못할 것임이니라
26 ●여호와께서 모세에게 말씀하여 이르

19

20

21

22

23

24

25

26 ●

시되
27 수소나 양이나 염소가 나거든 이레 동
안 그것의 어미와 같이 있게 하라 여덟
째 날 이후로는 여호와께 화제로 예물
을 드리면 기쁘게 받으심이 되리라
28 암소나 암양을 막론하고 어미와 새끼
를 같은 날에 잡지 말지니라
29 너희가 여호와께 감사제물을 드리려거
든 너희가 기쁘게 받으심이 되도록 드
릴지며
30 그 제물은 그 날에 먹고 이튿날까지 두
지 말라 나는 여호와이니라
31 너희는 내 계명을 지키며 행하라 나는
여호와이니라
32 너희는 내 성호를 속되게 하지 말라 나
는 이스라엘 자손 중에서 거룩하게 함
을 받을 것이니라 나는 너희를 거룩하
게 하는 여호와요
33 너희의 하나님이 되려고 너희를 애굽
땅에서 인도하여 낸 자니 나는 여호와
이니라

성회를 삼을 여호와의 절기

23 여호와께서 모세에게 말씀하여
이르시되
2 이스라엘 자손에게 말하여 이르라 이
것이 나의 절기들이니 너희가 성회로
공포할 여호와의 절기들이니라
3 엿새 동안은 일할 것이요 일곱째 날은
쉴 안식일이니 성회의 날이라 너희는
아무 일도 하지 말라 이는 너희가 거주
하는 각처에서 지킬 여호와의 안식일

27

28

29

30

31

32

33

성회를 삼을 여호와의 절기

23

2

3

이니라

유월절과 무교절

4 ●이것이 너희가 그 정한 때에 성회로
공포할 여호와의 절기들이니라
5 첫째 달 열나흗날 저녁은 여호와의 유
월절이요
6 이 달 열닷샛날은 여호와의 무교절이
니 이레 동안 너희는 무교병을 먹을 것
이요
7 그 첫 날에는 너희가 성회로 모이고 아
무 노동도 하지 말지며
8 너희는 이레 동안 여호와께 화제를 드
릴 것이요 일곱째 날에도 성회로 모이
고 아무 노동도 하지 말지니라

첫 이삭 한 단을 바치는 절기

9 ●여호와께서 모세에게 말씀하여 이르
시되
10 이스라엘 자손에게 말하여 이르라 너
희는 내가 너희에게 주는 땅에 들어가
서 너희의 곡물을 거둘 때에 너희의 곡
물의 첫 이삭 한 단을 제사장에게로 가
져갈 것이요
11 제사장은 너희를 위하여 그 단을 여호
와 앞에 기쁘게 받으심이 되도록 흔들
되 안식일 이튿날에 흔들 것이며
12 너희가 그 단을 흔드는 날에 일 년 되
고 흠 없는 숫양을 여호와께 번제로 드
리고
13 그 소제로는 기름 섞은 고운 가루 십분
의 이 에바를 여호와께 드려 화제로 삼
아 향기로운 냄새가 되게 하고 전제로

유월절과 무교절

4 ●
5
6
7
8

첫 이삭 한 단을 바치는 절기

9 ●
10
11
12
13

는 포도주 사분의 일 힌을 쓸 것이며
14 너희는 너희 하나님께 예물을 가져오
는 그 날까지 떡이든지 볶은 곡식이든
지 생 이삭이든지 먹지 말지니 이는 너
희가 거주하는 각처에서 대대로 지킬
영원한 규례니라

두 번째 거둔 곡식을 바치는 절기

15 ●안식일 이튿날 곧 너희가 요제로 곡
식단을 가져온 날부터 세어서 일곱 안
식일의 수효를 채우고
16 일곱 안식일 이튿날까지 합하여 오십
일을 계수하여 새 소제를 여호와께 드
리되
17 너희의 처소에서 십분의 이 에바로 만
든 떡 두 개를 가져다가 흔들지니 이는
고운 가루에 누룩을 넣어서 구운 것이
요 이는 첫 요제로 여호와께 드리는 것
이며
18 너희는 또 이 떡과 함께 일 년 된 흠 없
는 어린 양 일곱 마리와 어린 수소 한
마리와 숫양 두 마리를 드리되 이것들
을 그 소제와 그 전제제물과 함께 여호
와께 드려서 번제로 삼을지니 이는 화
제라 여호와께 향기로운 냄새며
19 또 숫염소 하나로 속죄제를 드리며 일
년 된 어린 숫양 두 마리를 화목제물로
드릴 것이요
20 제사장은 그 첫 이삭의 떡과 함께 그
두 마리 어린 양을 여호와 앞에 흔들어
서 요제를 삼을 것이요 이것들은 여호
와께 드리는 성물이니 제사장에게 돌

14

두 번째 거둔 곡식을 바치는 절기

15 ●

16

17

18

19

20

릴 것이며
21 이 날에 너희는 너희 중에 성회를 공포
하고 어떤 노동도 하지 말지니 이는 너
희가 그 거주하는 각처에서 대대로 지
킬 영원한 규례니라
22 ●너희 땅의 곡물을 벨 때에 밭 모퉁이
까지 다 베지 말며 떨어진 것을 줍지
말고 그것을 가난한 자와 거류민을 위
하여 남겨두라 나는 너희의 하나님 여
호와이니라

일곱째 달 첫 날은 쉬는 날

23 ●여호와께서 모세에게 말씀하여 이르
시되
24 이스라엘 자손에게 말하여 이르라 일
곱째 달 곧 그 달 첫 날은 너희에게 쉬
는 날이 될지니 이는 나팔을 불어 기념
할 날이요 성회라
25 어떤 노동도 하지 말고 여호와께 화제
를 드릴지니라

속죄일

26 ●여호와께서 모세에게 말씀하여 이르
시되
27 일곱째 달 열흘날은 속죄일이니 너희
는 성회를 열고 스스로 괴롭게 하며 여
호와께 화제를 드리고
28 이 날에는 어떤 일도 하지 말 것은 너
희를 위하여 너희 하나님 여호와 앞에
속죄할 속죄일이 됨이니라
29 이 날에 스스로 괴롭게 하지 아니하는
자는 그 백성 중에서 끊어질 것이라
30 이 날에 누구든지 어떤 일이라도 하는

21

22 ●

일곱째 달 첫 날은 쉬는 날

23 ●

24

25

속죄일

26 ●

27

28

29

30

자는 내가 그의 백성 중에서 멸절시키
리니
31 너희는 아무 일도 하지 말라 이는 너희
가 거주하는 각처에서 대대로 지킬 영
원한 규례니라
32 이는 너희가 쉴 안식일이라 너희는 스
스로 괴롭게 하고 이 달 아흐렛날 저녁
곧 그 저녁부터 이튿날 저녁까지 안식
을 지킬지니라

초막절

33 ●여호와께서 모세에게 말씀하여 이르
시되
34 이스라엘 자손에게 말하여 이르라 일
곱째 달 열닷샛날은 초막절이니 여호
와를 위하여 이레 동안 지킬 것이라
35 첫 날에는 성회로 모일지니 너희는 아
무 노동도 하지 말지며
36 이레 동안에 너희는 여호와께 화제를
드릴 것이요 여덟째 날에도 너희는 성
회로 모여서 여호와께 화제를 드릴지
니 이는 거룩한 대회라 너희는 어떤 노
동도 하지 말지니라
37 ●이것들은 여호와의 절기라 너희는
공포하여 성회를 열고 여호와께 화제
를 드릴지니 번제와 소제와 희생제물
과 전제를 각각 그 날에 드릴지니
38 이는 여호와의 안식일 외에, 너희의 헌
물 외에, 너희의 모든 서원제물 외에
또 너희의 모든 자원제물 외에 너희가
여호와께 드리는 것이니라
39 ●너희가 토지 소산 거두기를 마치거

31

32

초막절

33 ●

34

35

36

37 ●

38

39 ●

든 일곱째 달 열닷샛날부터 이레 동안
여호와의 절기를 지키되 첫 날에도 안
식하고 여덟째 날에도 안식할 것이요
40 첫 날에는 너희가 아름다운 나무 실과
와 종려나무 가지와 무성한 나무 가지
와 시내 버들을 취하여 너희의 하나님
여호와 앞에서 이레 동안 즐거워할 것
이라
41 너희는 매년 이레 동안 여호와께 이 절
기를 지킬지니 너희 대대의 영원한 규
례라 너희는 일곱째 달에 이를 지킬지
니라
42 너희는 이레 동안 초막에 거주하되 이
스라엘에서 난 자는 다 초막에 거주할
지니
43 이는 내가 이스라엘 자손을 애굽 땅에
서 인도하여 내던 때에 초막에 거주하
게 한 줄을 너희 대대로 알게 함이니라
나는 너희의 하나님 여호와이니라
44 모세는 이와 같이 여호와의 절기를 이
스라엘 자손에게 공포하였더라

계속해서 켜 둘 등잔불

24 여호와께서 모세에게 말씀하여
이르시되
2 이스라엘 자손에게 명령하여 불을 켜
기 위하여 감람을 찧어낸 순결한 기름
을 네게로 가져오게 하여 계속해서 등
잔불을 켜 둘지며
3 아론은 회막안 증거궤 휘장 밖에서 저
녁부터 아침까지 여호와 앞에 항상 등
잔불을 정리할지니 이는 너희 대대로

40
41
42
43
44
계속해서 켜 둘 등잔불
24
2
3

지킬 영원한 규례라
4 그는 여호와 앞에서 순결한 등잔대 위
의 등잔들을 항상 정리할지니라

여호와 앞에 진설할 떡

5 ●너는 고운 가루를 가져다가 떡 열두
개를 굽되 각 덩이를 십분의 이 에바로
하여
6 여호와 앞 순결한 상 위에 두 줄로 한
줄에 여섯씩 진설하고
7 너는 또 정결한 유향을 그 각 줄 위에
두어 기념물로 여호와께 화제를 삼을
것이며
8 안식일마다 이 떡을 여호와 앞에 항상
진설할지니 이는 이스라엘 자손을 위
한 것이요 영원한 언약이니라
9 이 떡은 아론과 그의 자손에게 돌리고
그들은 그것을 거룩한 곳에서 먹을지
니 이는 여호와의 화제 중 그에게 돌리
는 것으로서 지극히 거룩함이니라 이
는 영원한 규례니라

여호와의 이름을 모독하면

10 ●이스라엘 자손 중에 그의 어머니가
이스라엘 여인이요 그의 아버지는 애
굽 사람인 어떤 사람이 나가서 한 이스
라엘 사람과 진영 중에서 싸우다가
11 그 이스라엘 여인의 아들이 여호와의
이름을 모독하며 저주하므로 무리가
끌고 모세에게로 가니라 그의 어머니
의 이름은 슬로밋이요 단 지파 디브리
의 딸이었더라
12 그들이 그를 가두고 여호와의 명령을

4

여호와 앞에 진설할 떡

5 ●

6

7

8

9

여호와의 이름을 모독하면

10 ●

11

12

기다리더니
13 여호와께서 모세에게 말씀하여 이르시
되
14 그 저주한 사람을 진영 밖으로 끌어내
어 그것을 들은 모든 사람이 그들의 손
을 그의 머리에 얹게 하고 온 회중이
돌로 그를 칠지니라
15 너는 이스라엘 자손에게 말하여 이르
라 누구든지 그의 하나님을 저주하면
죄를 담당할 것이요
16 여호와의 이름을 모독하면 그를 반드
시 죽일지니 온 회중이 돌로 그를 칠
것이니라 거류민이든지 본토인이든지
여호와의 이름을 모독하면 그를 죽일
지니라
17 사람을 쳐죽인 자는 반드시 죽일 것이
요
18 짐승을 쳐죽인 자는 짐승으로 짐승을
갚을 것이며
19 사람이 만일 그의 이웃에게 상해를 입
혔으면 그가 행한 대로 그에게 행할 것
이니
20 상처에는 상처로, 눈에는 눈으로, 이에
는 이로 갚을지라 남에게 상해를 입힌
그대로 그에게 그렇게 할 것이며
21 짐승을 죽인 자는 그것을 물어 줄 것이
요 사람을 죽인 자는 죽일지니
22 거류민에게든지 본토인에게든지 그 법
을 동일하게 할 것은 나는 너희의 하나
님 여호와임이니라
23 모세가 이스라엘 자손에게 말하니 그

13

14

15

16

17

18

19

20

21

22

23

들이 그 저주한 자를 진영 밖으로 끌어
내어 돌로 쳤더라 이스라엘 자손이 여
호와께서 모세에게 명령하신 대로 행
하였더라

안식년

25 여호와께서 시내 산에서 모세에
게 말씀하여 이르시되
2 이스라엘 자손에게 말하여 이르라 너
희는 내가 너희에게 주는 땅에 들어간
후에 그 땅으로 여호와 앞에 안식하게
하라
3 너는 육 년 동안 그 밭에 파종하며 육
년 동안 그 포도원을 가꾸어 그 소출을
거둘 것이나
4 일곱째 해에는 그 땅이 쉬어 안식하게
할지니 여호와께 대한 안식이라 너는
그 밭에 파종하거나 포도원을 가꾸지
말며
5 네가 거둔 후에 자라난 것을 거두지 말
고 가꾸지 아니한 포도나무가 맺은 열
매를 거두지 말라 이는 땅의 안식년임
이니라
6 안식년의 소출은 너희가 먹을 것이니
너와 네 남종과 네 여종과 네 품꾼과
너와 함께 거류하는 자들과
7 네 가축과 네 땅에 있는 들짐승들이 다
그 소출로 먹을 것을 삼을지니라

희년

8 ●너는 일곱 안식년을 계수할지니 이
는 칠 년이 일곱 번인즉 안식년 일곱
번 동안 곧 사십구 년이라

안식년

25

2

3

4

5

6

7

희년

8 ●

9 일곱째 달 열흘날은 속죄일이니 너는
뿔나팔 소리를 내되 전국에서 뿔나팔
을 크게 불지며
10 너희는 오십 년째 해를 거룩하게 하여
그 땅에 있는 모든 주민을 위하여 자유
를 공포하라 이 해는 너희에게 희년이
니 너희는 각각 자기의 소유지로 돌아
가며 각각 자기의 가족에게로 돌아갈
지며
11 그 오십 년째 해는 너희의 희년이니 너
희는 파종하지 말며 스스로 난 것을 거
두지 말며 가꾸지 아니한 포도를 거두
지 말라
12 이는 희년이니 너희에게 거룩함이니라
너희는 밭의 소출을 먹으리라

부당한 이익을 취하지 말라

13 ●이 희년에는 너희가 각기 자기의 소
유지로 돌아갈지라
14 네 이웃에게 팔든지 네 이웃의 손에서
사거든 너희 각 사람은 그의 형제를 속
이지 말라
15 그 희년 후의 연수를 따라서 너는 이웃
에게서 살 것이요 그도 소출을 얻을 연
수를 따라서 네게 팔 것인즉
16 연수가 많으면 너는 그것의 값을 많이
매기고 연수가 적으면 너는 그것의 값
을 적게 매길지니 곧 그가 소출의 다소
를 따라서 네게 팔 것이라
17 너희 각 사람은 자기 이웃을 속이지 말
고 네 하나님을 경외하라 나는 너희의
하나님 여호와이니라

9

10

11

12

부당한 이익을 취하지 말라

13 ●

14

15

16

17

18 ●너희는 내 규례를 행하며 내 법도를
지켜 행하라 그리하면 너희가 그 땅에
안전하게 거주할 것이라
19 땅은 그것의 열매를 내리니 너희가 배
불리 먹고 거기 안전하게 거주하리라
20 만일 너희가 말하기를 우리가 만일 일
곱째 해에 심지도 못하고 소출을 거두
지도 못하면 우리가 무엇을 먹으리요
하겠으나
21 내가 명령하여 여섯째 해에 내 복을 너
희에게 주어 그 소출이 삼 년 동안 쓰
기에 족하게 하리라
22 너희가 여덟째 해에는 파종하려니와
묵은 소출을 먹을 것이며 아홉째 해에
그 땅에 소출이 들어오기까지 너희는
묵은 것을 먹으리라
23 ●토지를 영구히 팔지 말 것은 토지는
다 내 것임이니라 너희는 거류민이요
동거하는 자로서 나와 함께 있느니라
24 너희 기업의 온 땅에서 그 토지 무르기
를 허락할지니
25 만일 네 형제가 가난하여 그의 기업 중
에서 얼마를 팔았으면 그에게 가까운
기업 무를 자가 와서 그의 형제가 판
것을 무를 것이요
26 만일 그것을 무를 사람이 없고 자기가
부유하게 되어 무를 힘이 있으면
27 그 판 해를 계수하여 그 남은 값을 산
자에게 주고 자기의 소유지로 돌릴 것
이니라
28 그러나 자기가 무를 힘이 없으면 그 판

18 ●

19

20

21

22

23 ●

24

25

26

27

28

것이 희년에 이르기까지 산 자의 손에
있다가 희년에 이르러 돌아올지니 그것
이 곧 그의 기업으로 돌아갈 것이니라
29 ●성벽 있는 성 내의 가옥을 팔았으면
판 지 만 일 년 안에는 무를 수 있나니
곧 그 기한 안에 무르려니와
30 일 년 안에 무르지 못하면 그 성 안의
가옥은 산 자의 소유로 확정되어 대대
로 영구히 그에게 속하고 희년에라도
돌려보내지 아니할 것이니라
31 그러나 성벽이 둘리지 아니한 촌락의
가옥은 나라의 전토와 같이 물러 주기
도 할 것이요 희년에 돌려보내기도 할
것이니라
32 레위 족속의 성읍 곧 그들의 소유의 성
읍의 가옥은 레위 사람이 언제든지 무
를 수 있으나
33 만일 레위 사람이 무르지 아니하면 그
의 소유 성읍의 판 가옥은 희년에 돌려
보낼지니 이는 레위 사람의 성읍의 가
옥은 이스라엘 자손 중에서 받은 그들
의 기업이 됨이니라
34 그러나 그들의 성읍 주위에 있는 들판
은 그들의 영원한 소유지이니 팔지 못
할지니라
35 ●네 형제가 가난하게 되어 빈 손으로
네 곁에 있거든 너는 그를 도와 거류민
이나 동거인처럼 너와 함께 생활하게
하되
36 너는 그에게 이자를 받지 말고 네 하나
님을 경외하여 네 형제로 너와 함께 생

29 ●

30

31

32

33

34

35 ●

36

활하게 할 것인즉
37 너는 그에게 이자를 위하여 돈을 꾸어
주지 말고 이익을 위하여 네 양식을 꾸
어 주지 말라
38 나는 너희의 하나님이 되며 또 가나안
땅을 너희에게 주려고 애굽 땅에서 너
희를 인도하여 낸 너희의 하나님 여호
와이니라
39 ●너와 함께 있는 네 형제가 가난하게
되어 네게 몸이 팔리거든 너는 그를 종
으로 부리지 말고
40 품꾼이나 동거인과 같이 함께 있게 하
여 희년까지 너를 섬기게 하라
41 그 때에는 그와 그의 자녀가 함께 네게
서 떠나 그의 가족과 그의 조상의 기업
으로 돌아가게 하라
42 그들은 내가 애굽 땅에서 인도하여 낸
내 종들이니 종으로 팔지 말 것이라
43 너는 그를 엄하게 부리지 말고 네 하나
님을 경외하라
44 네 종은 남녀를 막론하고 네 사방 이방
인 중에서 취할지니 남녀 종은 이런 자
중에서 사올 것이며
45 또 너희 중에 거류하는 동거인들의 자
녀 중에서도 너희가 사올 수 있고 또 그
들이 너희와 함께 있어서 너희 땅에서
가정을 이룬 자들 중에서도 그리 할 수
있은즉 그들이 너희의 소유가 될지니라
46 너희는 그들을 너희 후손에게 기업으
로 주어 소유가 되게 할 것이라 이방인
중에서는 너희가 영원한 종을 삼으려

37
38
39 ●
40
41
42
43
44
45
46

니와 너희 동족 이스라엘 자손은 너희
가 피차 엄하게 부리지 말지니라
47 ●만일 너와 함께 있는 거류민이나 동
거인은 부유하게 되고 그와 함께 있는
네 형제는 가난하게 되므로 그가 너와
함께 있는 거류민이나 동거인 또는 거
류민의 가족의 후손에게 팔리면
48 그가 팔린 후에 그에게는 속량 받을 권
리가 있나니 그의 형제 중 하나가 그를
속량하거나
49 또는 그의 삼촌이나 그의 삼촌의 아들
이 그를 속량하거나 그의 가족 중 그의
살붙이 중에서 그를 속량할 것이요 그
가 부유하게 되면 스스로 속량하되
50 자기 몸이 팔린 해로부터 희년까지를
그 산 자와 계산하여 그 연수를 따라서
그 몸의 값을 정할 때에 그 사람을 섬
긴 날을 그 사람에게 고용된 날로 여길
것이라
51 만일 남은 해가 많으면 그 연수대로 팔
린 값에서 속량하는 값을 그 사람에게
도로 주고
52 만일 희년까지 남은 해가 적으면 그 사
람과 계산하여 그 연수대로 속량하는
그 값을 그에게 도로 줄지며
53 주인은 그를 매년의 삯꾼과 같이 여기
고 네 목전에서 엄하게 부리지 말지니
라
54 그가 이같이 속량되지 못하면 희년에
이르러는 그와 그의 자녀가 자유하리니
55 이스라엘 자손은 나의 종들이 됨이라

47 ●
48
49
50
51
52
53
54
55

그들은 내가 애굽 땅에서 인도하여 낸
내 종이요 나는 너희의 하나님 여호와
이니라

26 너희는 자기를 위하여 우상을 만
들지 말지니 조각한 것이나 주상
을 세우지 말며 너희 땅에 조각한 석상
을 세우고 그에게 경배하지 말라 나는
너희의 하나님 여호와임이니라
2 너희는 내 안식일을 지키며 내 성소를
경외하라 나는 여호와이니라

상과 벌

3 ●너희가 내 규례와 계명을 준행하면
4 내가 너희에게 철따라 비를 주리니 땅
은 그 산물을 내고 밭의 나무는 열매를
맺으리라
5 너희의 타작은 포도 딸 때까지 미치며
너희의 포도 따는 것은 파종할 때까지
미치리니 너희가 음식을 배불리 먹고
너희의 땅에 안전하게 거주하리라
6 내가 그 땅에 평화를 줄 것인즉 너희가
누울 때 너희를 두렵게 할 자가 없을
것이며 내가 사나운 짐승을 그 땅에서
제할 것이요 칼이 너희의 땅에 두루 행
하지 아니할 것이며
7 너희의 원수들을 쫓으리니 그들이 너
희 앞에서 칼에 엎드러질 것이라
8 또 너희 다섯이 백을 쫓고 너희 백이
만을 쫓으리니 너희 대적들이 너희 앞
에서 칼에 엎드러질 것이며
9 내가 너희를 돌보아 너희를 번성하게
하고 너희를 창대하게 할 것이며 내가

26

2

상과 벌

3 ●
4
5
6
7
8
9

너희와 함께 한 내 언약을 이행하리라
10 너희는 오래 두었던 묵은 곡식을 먹다
가 새 곡식으로 말미암아 묵은 곡식을
치우게 될 것이며
11 내가 내 성막을 너희 중에 세우리니 내
마음이 너희를 싫어하지 아니할 것이며
12 나는 너희 중에 행하여 너희의 하나님
이 되고 너희는 내 백성이 될 것이니라
13 나는 너희를 애굽 땅에서 인도해 내어
그들에게 종된 것을 면하게 한 너희의
하나님 여호와이니라 내가 너희의 멍
에의 빗장을 부수고 너희를 바로 서서
걷게 하였느니라
14 ●그러나 너희가 내게 청종하지 아니하
여 이 모든 명령을 준행하지 아니하며
15 내 규례를 멸시하며 마음에 내 법도를
싫어하여 내 모든 계명을 준행하지 아
니하며 내 언약을 배반할진대
16 내가 이같이 너희에게 행하리니 곧 내
가 너희에게 놀라운 재앙을 내려 폐병
과 열병으로 눈이 어둡고 생명이 쇠약
하게 할 것이요 너희가 파종한 것은 헛
되리니 너희의 대적이 그것을 먹을 것
임이며
17 내가 너희를 치리니 너희가 너희의 대
적에게 패할 것이요 너희를 미워하는
자가 너희를 다스릴 것이며 너희는 쫓
는 자가 없어도 도망하리라
18 또 만일 너희가 그렇게까지 되어도 내
게 청종하지 아니하면 너희의 죄로 말
미암아 내가 너희를 일곱 배나 더 징벌

10

11

12

13

14 ●

15

16

17

18

하리라
19 내가 너희의 세력으로 말미암은 교만
을 꺾고 너희의 하늘을 철과 같게 하며
너희 땅을 놋과 같게 하리니
20 너희의 수고가 헛될지라 땅은 그 산물
을 내지 아니하고 땅의 나무는 그 열매
를 맺지 아니하리라
21 ●너희가 나를 거슬러 내게 청종하지
아니할진대 내가 너희의 죄대로 너희
에게 일곱 배나 더 재앙을 내릴 것이라
22 내가 들짐승을 너희 중에 보내리니 그
것들이 너희의 자녀를 움키고 너희 가
축을 멸하며 너희의 수효를 줄이리니
너희의 길들이 황폐하리라
23 ●이런 일을 당하여도 너희가 내게로
돌아오지 아니하고 내게 대항할진대
24 나 곧 나도 너희에게 대항하여 너희 죄
로 말미암아 너희를 칠 배나 더 치리라
25 내가 칼을 너희에게로 가져다가 언약
을 어긴 원수를 갚을 것이며 너희가 성
읍에 모일지라도 너희 중에 염병을 보
내고 너희를 대적의 손에 넘길 것이며
26 내가 너희가 의뢰하는 양식을 끊을 때
에 열 여인이 한 화덕에서 너희 떡을
구워 저울에 달아 주리니 너희가 먹어
도 배부르지 아니하리라
27 ●너희가 이같이 될지라도 내게 청종
하지 아니하고 내게 대항할진대
28 내가 진노로 너희에게 대항하되 너희의
죄로 말미암아 칠 배나 더 징벌하리니
29 너희가 아들의 살을 먹을 것이요 딸의

19

20

21 ●

22

23 ●

24

25

26

27 ●

28

29

살을 먹을 것이며
30 내가 너희의 산당들을 헐며 너희의 분
향단들을 부수고 너희의 시체들을 부
서진 우상들 위에 던지고 내 마음이 너
희를 싫어할 것이며
31 내가 너희의 성읍을 황폐하게 하고 너
희의 성소들을 황량하게 할 것이요 너
희의 향기로운 냄새를 내가 흠향하지
아니하고
32 그 땅을 황무하게 하리니 거기 거주하
는 너희의 원수들이 그것으로 말미암
아 놀랄 것이며
33 내가 너희를 여러 민족 중에 흩을 것이
요 내가 칼을 빼어 너희를 따르게 하리
니 너희의 땅이 황무하며 너희의 성읍
이 황폐하리라
34 ●너희가 원수의 땅에 살 동안에 너희
의 본토가 황무할 것이므로 땅이 안식
을 누릴 것이라 그 때에 땅이 안식을
누리리니
35 너희가 그 땅에 거주하는 동안 너희가
안식할 때에 땅은 쉬지 못하였으나 그
땅이 황무할 동안에는 쉬게 되리라
36 너희 남은 자에게는 그 원수들의 땅에
서 내가 그들의 마음을 약하게 하리니
그들은 바람에 불린 잎사귀 소리에도
놀라 도망하기를 칼을 피하여 도망하
듯 할 것이요 쫓는 자가 없어도 엎드러
질 것이라
37 그들은 쫓는 자가 없어도 칼 앞에 있음
같이 서로 짓밟혀 넘어지리니 너희가

30

31

32

33

34 ●

35

36

37

원수들을 맞설 힘이 없을 것이요
38 너희가 여러 민족 중에서 망하리니 너
희의 원수들의 땅이 너희를 삼킬 것이
라
39 너희 남은 자가 너희의 원수들의 땅에
서 자기의 죄로 말미암아 쇠잔하며 그
조상의 죄로 말미암아 그 조상 같이 쇠
잔하리라
40 ●그들이 나를 거스른 잘못으로 자기
의 죄악과 그들의 조상의 죄악을 자복
하고 또 그들이 내게 대항하므로
41 나도 그들에게 대항하여 내가 그들을
그들의 원수들의 땅으로 끌어 갔음을
깨닫고 그 할례 받지 아니한 그들의 마
음이 낮아져서 그들의 죄악의 형벌을
기쁘게 받으면
42 내가 야곱과 맺은 내 언약과 이삭과 맺
은 내 언약을 기억하며 아브라함과 맺
은 내 언약을 기억하고 그 땅을 기억하
리라
43 그들이 내 법도를 싫어하며 내 규례를
멸시하였으므로 그 땅을 떠나서 사람
이 없을 때에 그 땅은 황폐하여 안식을
누릴 것이요 그들은 자기 죄악의 형벌
을 기쁘게 받으리라
44 그런즉 그들이 그들의 원수들의 땅에
있을 때에 내가 그들을 내버리지 아니
하며 미워하지 아니하며 아주 멸하지
아니하고 그들과 맺은 내 언약을 폐하
지 아니하리니 나는 여호와 그들의 하
나님이 됨이니라

38

39

40 ●

41

42

43

44

45 내가 그들의 하나님이 되기 위하여 민
족들이 보는 앞에서 애굽 땅으로부터
그들을 인도하여 낸 그들의 조상과의
언약을 그들을 위하여 기억하리라 나
는 여호와이니라
46 ●이것은 여호와께서 시내 산에서 자기
와 이스라엘 자손 사이에 모세를 통하
여 세우신 규례와 법도와 율법이니라

서원 예물의 값

27 여호와께서 모세에게 말씀하여
이르시되
2 이스라엘 자손에게 말하여 이르라 만
일 어떤 사람이 사람의 값을 여호와께
드리기로 분명히 서원하였으면 너는
그 값을 정할지니
3 네가 정한 값은 스무 살로부터 예순 살
까지는 남자면 성소의 세겔로 은 오십
세겔로 하고
4 여자면 그 값을 삼십 세겔로 하며
5 다섯 살로부터 스무 살까지는 남자면
그 값을 이십 세겔로 하고 여자면 열
세겔로 하며
6 일 개월로부터 다섯 살까지는 남자면
그 값을 은 다섯 세겔로 하고 여자면
그 값을 은 삼 세겔로 하며
7 예순 살 이상은 남자면 그 값을 십오
세겔로 하고 여자는 열 세겔로 하라
8 그러나 서원자가 가난하여 네가 정한
값을 감당하지 못하겠으면 그를 제사
장 앞으로 데리고 갈 것이요 제사장은
그 값을 정하되 그 서원자의 형편대로

45

46 ●

서원 예물의 값

27

2

3

4

5

6

7

8

값을 정할지니라
9 ●사람이 서원하는 예물로 여호와께
드리는 것이 가축이면 여호와께 드릴
때는 다 거룩하니
10 그것을 변경하여 우열간 바꾸지 못할
것이요 혹 가축으로 가축을 바꾸면 둘
다 거룩할 것이며
11 부정하여 여호와께 예물로 드리지 못
할 가축이면 그 가축을 제사장 앞으로
끌어갈 것이요
12 제사장은 우열간에 값을 정할지니 그
값이 제사장의 정한 대로 될 것이며
13 만일 그가 그것을 무르려면 네가 정한
값에 그 오분의 일을 더할지니라
14 ●만일 어떤 사람이 자기 집을 성별하
여 여호와께 드리려하면 제사장이 그
우열간에 값을 정할지니 그 값은 제사
장이 정한 대로 될 것이며
15 만일 그 사람이 자기 집을 무르려면 네
가 값을 정한 돈에 그 오분의 일을 더
할지니 그리하면 자기 소유가 되리라
16 ●만일 어떤 사람이 자기 기업된 밭 얼
마를 성별하여 여호와께 드리려하면
마지기 수대로 네가 값을 정하되 보리
한 호멜지기에는 은 오십 세겔로 계산
할지며
17 만일 그가 그 밭을 희년부터 성별하여
드렸으면 그 값을 네가 정한 대로 할
것이요
18 만일 그 밭을 희년 후에 성별하여 드렸
으면 제사장이 다음 희년까지 남은 연

9 ●

10

11

12

13

14 ●

15

16 ●

17

18

수를 따라 그 값을 계산하고 정한 값에
서 그 값에 상당하게 감할 것이며
19 만일 밭을 성별하여 드린 자가 그것을
무르려면 네가 값을 정한 돈에 그 오분
의 일을 더할지니 그리하면 그것이 자
기 소유가 될 것이요
20 만일 그가 그 밭을 무르지 아니하려거
나 타인에게 팔았으면 다시는 무르지
못하고
21 희년이 되어서 그 밭이 돌아오게 될 때
에는 여호와께 바친 성물이 되어 영영
히 드린 땅과 같이 제사장의 기업이 될
것이며
22 만일 사람에게 샀고 자기 기업이 아닌
밭을 여호와께 성별하여 드렸으면
23 너는 값을 정하고 제사장은 그를 위하
여 희년까지 계산하고 그는 네가 값을
정한 돈을 그 날에 여호와께 드려 성물
로 삼을지며
24 그가 판 밭은 희년에 그 판 사람 곧 그
땅의 원주인에게로 되돌아갈지니라
25 또 네가 정한 모든 값은 성소의 세겔로
하되 이십 게라를 한 세겔로 할지니라

처음 난 가축

26 ●오직 가축 중의 처음 난 것은 여호와
께 드릴 첫 것이라 소나 양은 여호와의
것이니 누구든지 그것으로는 성별하여
드리지 못할 것이며
27 만일 부정한 짐승이면 네가 정한 값에
그 오분의 일을 더하여 무를 것이요 만
일 무르지 아니하려면 네가 정한 값대

19

20

21

22

23

24

25

처음 난 가축

26 ●

27

로 팔지니라

여호와께 온전히 바친 것

28 ●어떤 사람이 자기 소유 중에서 오직
여호와께 온전히 바친 모든 것은 사람
이든지 가축이든지 기업의 밭이든지 팔
지도 못하고 무르지도 못하나니 바친
것은 다 여호와께 지극히 거룩함이며
29 온전히 바쳐진 그 사람은 다시 무르지
못하나니 반드시 죽일지니라

십분의 일은 여호와의 것

30 ●그리고 그 땅의 십분의 일 곧 그 땅의
곡식이나 나무의 열매는 그 십분의 일
은 여호와의 것이니 여호와의 성물이라
31 또 만일 어떤 사람이 그의 십일조를 무
르려면 그것에 오분의 일을 더할 것이
요
32 모든 소나 양의 십일조는 목자의 지팡
이 아래로 통과하는 것의 열 번째의 것
마다 여호와의 성물이 되리라
33 그 우열을 가리거나 바꾸거나 하지 말
라 바꾸면 둘 다 거룩하리니 무르지 못
하리라
34 ●이것은 여호와께서 시내 산에서 이
스라엘 자손을 위하여 모세에게 명령
하신 계명이니라

여호와께 온전히 바친 것

28 ●

29

십분의 일은 여호와의 것

30 ●

31

32

33

34 ●

MEMO

MEMO

아가페 필사&쓰기 전용펜

필사&쓰기성경®에 왜 전용펜을 사용해야 할까요?

1. 잉크의 뭉침이 없는 깨끗한 필기감
2. 쓸수록 종이가 부푸는 현상 방지
3. 종이끼리 붙지 않아 오랫동안 보관 가능
4. 물기로 인한 글자 훼손 방지

일반용

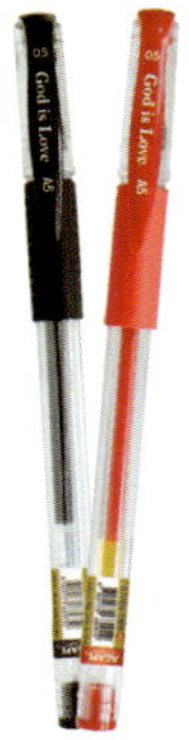

* 신약성경의
예수님 말씀은
빨간색 펜을
사용하세요.

일반 필사&쓰기성경 전용펜 A5 (검정/빨강) 값 900원

일반 필사&쓰기성경 전용펜 A5 (검정/빨강-1박스/12자루) 값 10,800원

중용량

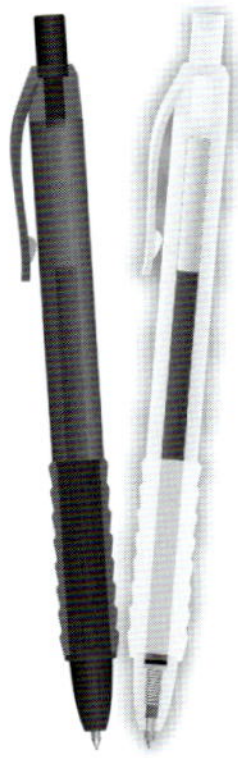

필사&쓰기 전용펜 (고급) (블랙/투명) 값 1,600원

필사&쓰기 전용펜 (고급) (블랙/투명-1박스/12자루) 값 19,200원

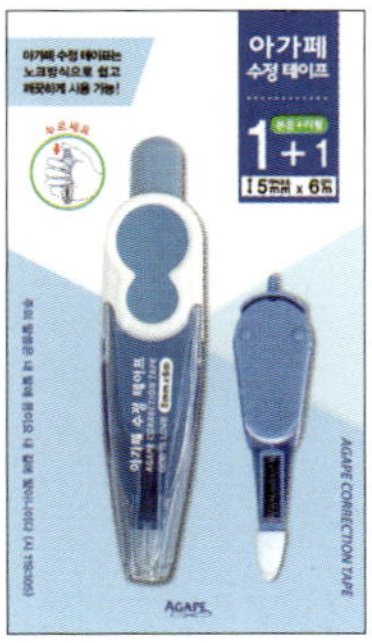

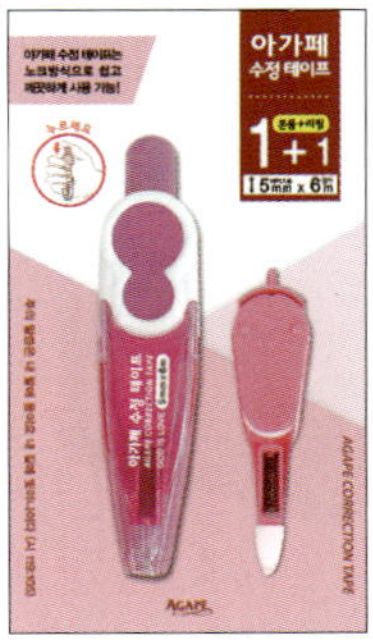

쓰기성경을 쓰다가
잘못 쓴 글씨는
수정 테이프를 사용하세요.

아가페 수정 테이프 (본품+리필) (블루/핑크) 값 3,500원

정자체 큰글 쓰기성경®

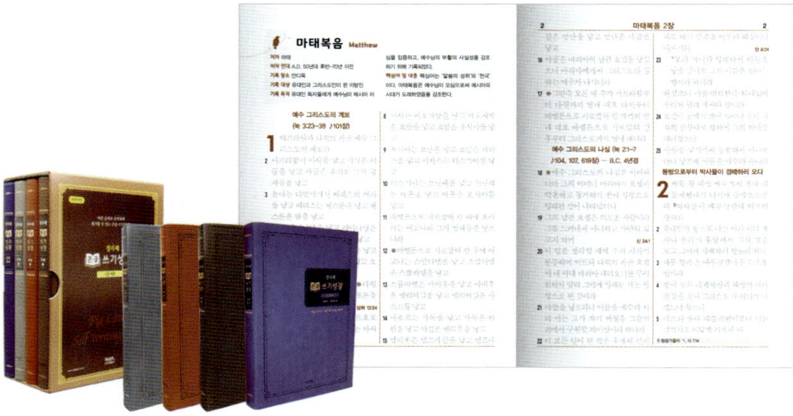

+ 세트 및 신약 구매 시 쓰기성경 전용펜 2종 증정

바른 글씨로 또박또박 필사할 수 있는 정자체 큰글 쓰기성경!

세트 정가 (구약+신약) : ~~110,000원~~ → 106,000원

구약 1~3권, 신약 1권 : 각 정가 27,500원
(※낱권 구매도 가능합니다.)

밑글씨 매일 쓰기성경®

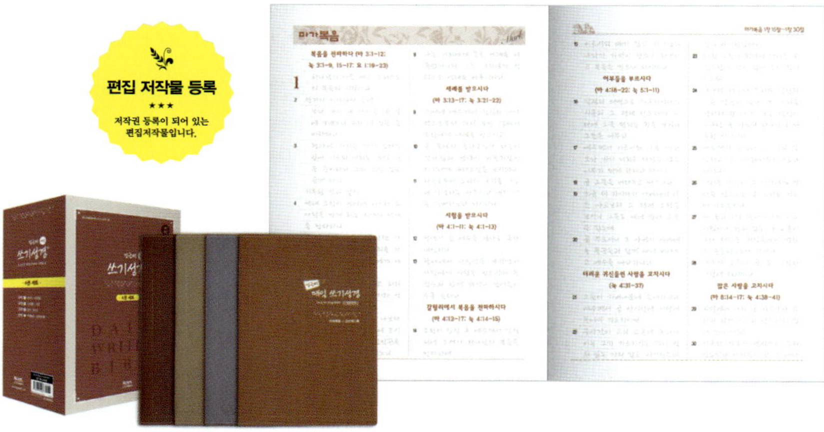

+ 세트 및 신약 구매 시 쓰기성경 전용펜 2종 증정

밑글씨가 있어 성경책 대조 없이 간편하게 쓸 수 있는 쓰기성경

세트 정가 (구약+신약) : ~~116,000원~~ → 112,000원

구약 1~3권, 신약 1권 : 각 정가 29,000원
(※낱권 구매도 가능합니다.)